Anton A. Bucher

Ehrfurcht

Anton A. Bucher

Ehrfurcht

Psychologie einer Stärke

Patmos Verlag

VERLAGSGRUPPE PATMOS

PATMOS
ESCHBACH
GRÜNEWALD
THORBECKE
SCHWABEN

Die Verlagsgruppe
mit Sinn für das Leben

MIX
Papier aus verantwortungsvollen Quellen
FSC® C089473
FSC
www.fsc.org

Für die Schwabenverlag AG ist Nachhaltigkeit ein wichtiger Maßstab ihres Handelns. Wir achten daher auf den Einsatz umweltschonender Ressourcen und Materialien.

www.patmos.de

Umschlaggestaltung: Finken & Bumiller
Satz: post scriptum, www.post-scriptum.biz
Druck: Beltz Bad Langensalza GmbH
Hergestellt in Deutschland
ISBN 978-3-8436-0783-4 (Print)
ISBN 978-3-8436-0784-1 (eBook)

Inhalt

Gewidmet einer ehrfurchtsvollen Frau:
Birgitta Kuhl

Einstieg:
Erschauern vor dem All

Auf dem Gaisberg bei Salzburg, 1260 Meter über dem Meer. Die letzten Sonnenstrahlen sind hinter dem Untersberg, einer gewaltigen, 1000 Meter hohen zerklüfteten Masse aus Kalk, verglüht. Ins Salzachtal, aus dem ferner Motorenlärm heraufhallt, sinkt dunkle Kühle. Aus dem verdämmernden Himmel, nur noch im Westen ein goldener Streifen, treten erste Sterne hervor. Gebannt blicke ich dorthin und sinniere über die Weite unseres Planeten. Nicht mehr zu sehen, aber zu erahnen sind noch höhere Gipfel, der Montblanc in ewigem Eis. Und noch ferner die Wogen des Atlantik, die seit Jahrmillionen an die Algarve rauschen. Immer dunkler wölbt sich der Himmel über die weite Landschaft, die schwarzen Gipfel und Grate. Immer mehr Sterne sind zu sehen, nicht nur die Venus – hell funkelnd im Westen herabsinkend, Lichtstrahlen in die Pupillen schickend –, sondern Sternbilder: Großer Wagen, Schütze. Hinter diesen liegt das Zentrum der Milchstraße, ein schwarzes Loch, die Masse von vier Millionen Sonnen zusammenballend, so dicht, dass die Erde, würde sie dorthin verschluckt, in einer Cappuccino-Tasse Platz hätte.

Bei diesem Anblick beschleichen mich Gefühle, die stärker und stärker werden. Staunender Schwindel, wenn ich die kosmischen Tiefen und Weiten zu erahnen versuche. Viele Sterne, die so winzig glitzern, teils gleißend, teils rötlich, sind tausendfach größer als die Sonne. VY Canis Majoris würde in unserem Sonnensystem bis zum Saturn glühen. Viele Sterne sind längst erloschen. Aber die Photonen, vor Jahrmillionen weggeschleudert, jagen noch immer durch das gewaltige All, in jeder Sekunde eine Strecke von mehr als siebenmal um die Erde. Sie treffen auf Millionen von Zellen im Augapfel, auf die Retina, die die Impulse in den visuellen Cortex im Hinterkopf schickt. Größenvergleiche fallen ein: Unsere Milchstraße, spiralförmig, reduziert auf zehn Kilometer Durchmesser, durchschnittlich einen Kilometer hoch, darin ein imaginiertes Schneetreiben. Unsere Sonne wäre eine von mehr als 100 Milliarden Schneeflocken und so winzig, dass sie durch ein Mikroskop nicht zu sehen wäre. Unser gesamtes Sonnensystem bis zur Umlaufbahn des Pluto: ein winziger Punkt von 0,1 Millimeter Durchmesser.

Ein greller Lichtstrahl, jäh erloschen: eine Sternschnuppe! Aber was, wenn es ein Asteroid gewesen wäre, zehn Kilometer im Durchmesser, zwar ein kosmisches Staubkorn, aber ganz Salzburg zermalmend und pulverisierend, die Säuglingsstation wie den Flughafen, einen gewaltigen Krater reißend, Milliarden Tonnen Staub aufwirbelnd, sodass der Himmel über Jahre verdunkelt bliebe? Diese Bilder erzeugen Angst, ebenso die unbegreiflichen Gewalten da draußen, dichteste Materie, die jedes Licht verschluckt; lohende Hitze, Millionen Grad, alles zerschmelzend, und klirrendste Kälte, in der jedes Leben zersplittert!

Doch in die Furcht mischt sich das Staunen, dass dies alles überhaupt *ist,* dass gerade ich gerade jetzt meinen Atem als blasse Schwade diesen Tiefen entgegenhauchen darf, die schon Jahrmilliarden waren, bevor mein Herz schlug – und dies nur kürzeste Zeit, auch wenn dies Leben 100 Jahre währen sollte. Und das dankbare Staunen, dass ein milder Windhauch die Stirne umfächelt und in diesem gewaltigen Kosmos plötzlich, wie aus dem Nichts, das muntere Lachen eines Kindes zu hören ist, das an der Hand der Mutter daherkommt, um auf die nächtliche Stadt sehen zu können. »Ist das schön!«, sagt es. Und mir geht durch den Kopf: Dass dieses Mädchen jetzt atmen und schauen kann, dafür lebten und starben Millionen von Generationen, erst mäuseartige Säuger, dann sich aufrichtende Primaten und schließlich betende Menschen; dafür wurden Billiarden Spermien ausgestoßen, pochten unzählige Herzschläge Meere von

Blut durch die Adern in die Kapillaren und zu den unendlich vielen Synapsen.

Nun leuchtet im Westen nur noch ein schmaler oranger Streifen über der nächtlichen, schweigenden Erde. Mir ist, als dehne sich das staunende Bewusstsein weit in den nächtlichen Himmel hinein, die Frage nach sich ziehend: »Wie im gewöhnlichen Leben allen diesen Wundern ähnlicher werden?« Viele Vorsätze drängen sich auf: tiefer empfinden, bewusster leben, gelegentlich innehalten.

Was bisher beschrieben wurde, lässt sich »Ehrfurcht« nennen: Die Begegnung mit etwas viel Größerem, Stärkerem, Geheimnishaftem, das erschauern lässt, Gänsehaut erzeugen kann und dazu motiviert, diesem im Geist, in der Seele, im Verhalten ähnlicher zu werden. Allerdings: Viele Menschen stoßen sich an diesem Wort. »Ehrfurcht, nein, nur das nicht!«, beteuerte eine Studentin. »Ehrfürchtig mussten wir in der Kirche sein, knien, den Kopf senken, uns an die Brust schlagen, schuldig! Ehrfurcht läuft doch nur auf Macht und Unterwerfung hinaus!« In der Tat: Viele Mächtige dieser Welt umgaben und umgeben sich mit einem Nimbus der Ehrfurcht. Der frühere Diktator in Nordkorea, Kim Jong-il, pflegte sich als göttliche Führergestalt zu präsentieren, die vom Himmel herabschwebt – die Menschen sanken in die Knie. Die Nationalsozialisten ließen das 245 Meter lange Luftschiff »Hindenburg« über großen Menschenmassen kreisen, so bei den Olympischen Spielen in Berlin, um Ehrfurcht ins Riesenhafte zu steigern. Generationen von Christen wurden zu Ehrfurcht gegenüber geistlichen Vätern erzogen, denen zu widersprechen undenkbar war. Der Katholizismus sei »die größte, die heiligste Schule der Ehrfurcht«.[1] Ab dem Jahre 1910 hatten alle Kleriker zu schwören: »Ich unterwerfe mich mit gebührender Ehrfurcht«[2] – nicht Gott, sondern dem päpstlichen Lehramt.

Aber: Was missbraucht wurde (und wird), muss deswegen kein Übel sein. Gilt dies nicht in besonderem Maße für Ehrfurcht? Kein Geringerer als Johann Wolfgang Goethe schrieb in seinem Bildungsroman »Wilhelm Meisters Wanderjahre«: »Aber eins bringt niemand mit auf die Welt, und doch ist es das, worauf alles ankommt, damit der Mensch nach allen Seiten zu ein Mensch sei: … Ehrfurcht.«[3] Und Albert Einstein, der

[1] Dupanloup, F.: Die Erziehung. Zweiter Theil: Von der Autorität und der Ehrfurcht in der Erziehung, Mainz: Verlag von Franz Kirchhelm 1867, 519f.

[2] Denzinger, H.: Kompendium der Glaubensbekenntnisse und kirchlichen Lehrentscheidungen, Freiburg i. Br.: Herder [42]2009, Nr. 3543.

[3] Goethe, J. W.: Sämtliche Werke, Band 8: Wilhelm Meisters Wanderjahre, Zürich: Artemis-Verlag 1977, 169.

tief in die schwindelerregenden Weiten des Universums und in das Mysterium der Atome zu blicken vermochte, sagte: »Wer sich nicht mehr wundern und in Ehrfurcht verlieren kann, ist seelisch bereits tot.«[4]

Dieses Buch will »Ehrfurcht« aus den Fesseln befreien, die um sie geschnürt wurden, weil Menschen stumm ihr Haupt senken sollten: vor Herrschern, Kirchenfürsten, Pracht- und Machtbauten. Es soll deutlich machen, dass Ehrfurcht vielmehr als tiefe Emotion zu würdigen ist, die den Menschen gerade *nicht* klein macht, sondern ihn zu seiner wahren Größe erheben, das Leben enorm bereichern und vertiefen kann. Auch wird belegt, dass Menschen im 21. Jahrhundert keineswegs so seicht und ehrfurchtslos sind, wie vielfach behauptet wird, auch von Vertretern der Kirche: Ehrfurcht sei in unserer materialistischen Lebenswelt ein Fremdwort geworden.

Ehrfurcht, wenn intensiv, mit Gänsehaut und als Erschauern erlebt, kann das Leben tief verändern. Eine klassische Schilderung findet sich in der Bhagavadgita, einer alten heiligen Schrift der Inder. Sie erzählt, wie der Königssohn Arjuna gegen ein übermächtiges Heer

[4] http://www.zitate-online.de/sprueche/wissenschaftler/15752/das-tiefste-und-erhabenste-gefuehl-dessen.html

kämpfen soll. Er ist niedergeschlagen, verzweifelt. Da erscheint ihm Krishna und lässt ihn durch ein göttliches Auge schauen. Als er das ewige Brahma erblickt, heller als tausend Sonnen, und die Kleinheit der Menschen vor dem alles verschlingenden Rachen des Todes, gerät er in tiefste Ehrfurcht. Und rafft sich in neuer Stärke auf, um den Kampf zu bestehen.

Obschon Ehrfurcht die Psyche stärken kann, habe die Psychologie zu ihr »erstaunlich wenig zu sagen«.[5] Eine weithin vergessene Ausnahme ist Carl Gustav Carus, zu seinen Lebzeiten in der Romantik (1789–1869) ein angesehener Mediziner, Naturforscher und Psychologe. Neben der Liebe sei Ehrfurcht die »Spitze und reinste Blüte der Achtung«, »die reinste Verklärung des Empfindens der Seele«, die, anders als beim rohen Menschen, der die Natur fürchte, Bildung voraussetze.[6] Wenn der Mensch die Natur und das Leben in »wahrer« Ehrfurcht betrachte, sei »ihm ein heiliges Asyl bereitet, in welchem er gegen manche Stürme sicheren Schutz und beseligende Ruhe findet«.[7] Tatsächlich sprechen die wenigen

[5] Keltner, D. & Haidt, J.: Approaching awe, a moral, spiritual, and aesthetic emotion. In: Cognition and Emotion 17 (2003), 297–314, hier 297.

[6] Carus, G.: Vorlesungen über Psychologie, gehalten im Winter 1829/30 in Dresden, Leipzig: Verlag Gerhard Fleischer 1831, 400f.

[7] Ebd., 404.

einschlägigen psychologischen Studien dafür, dass Ehrfürchtige psychisch stabiler sind.[8] Dass die Psychologie ausblendete, was aus der Sicht Goethes den Menschen nach allen Seiten hin Mensch sein lasse, ist dadurch bedingt, dass »Ehrfurcht« alsbald kirchlich besetzt wurde. PsychologInnen stellten sich in zahlreichen Umfragen als die am wenigsten religiösen Akademiker heraus. Sofern die Psychologie die »Seele« also wiedergewinnen will, die sie in ihrer Gründungsphase demonstrativ verabschiedete (»Psychologie ohne Seele«), kommt sie an Ehrfurcht nicht vorbei.

Zaghaft mehren sich die Ansätze zu einer Psychologie der Ehrfurcht, im angelsächsischen Raum intensiver als hierzulande, möglicherweise weil »awe« dort verbreiteter ist, speziell das auch von Jugendlichen verwendete »awesome«, was nicht nur »ehrfurchtgebietend« bedeuten kann, sondern auch »super« und »affengeil«. Der Ehrfurcht angenommen hat sich die Positive Psychologie. Emotionen wie Ehrfurcht *(awe)* und Erhebung *(elevation)* tiefer zu verstehen, sei eine vordringliche Zukunftsaufgabe.[9] Kirk Schneider plädierte dafür, zu einer Psychologie aufzuwachen, die auf Ehrfurcht

[8] Ausführlicher: Kapitel 3.

[9] Snyder, C. R. & Lopez, S. J.: Handbook of Positive Psychology, Oxford & New York: Oxford University Press 2005, 753.

gegründet ist und das Heilige berührt.[10] In eindrücklichen biographischen Studien zeigte er, wie tiefgreifend Ehrfurcht das Leben transformieren kann.[11] Paul Pearsall, ein Psychologe, der auf Hawaii tätig war, hält Ehrfurcht für die rätselhafteste und faszinierendste Basisemotion. Sie sei viel erstrebenswerter als seichtes Streben nach Wohlfühlen und Glück.[12]

Wenn hierzulande über Ehrfurcht geschrieben wird, dann oft im Zusammenhang mit Albert Schweitzer,[13] der eine Ethik der »Ehrfurcht vor dem Leben« entwickelte – und lebte –, die sich aber in der Philosophie nicht so durchzusetzen vermochte, wie der Urwalddoktor und Philosoph erhoffte.[14] Sodann waren und sind es Theologen, die sich zu Ehrfurcht äußern, umfassend Gerhard Marschütz, der seiner Dissertation den bezeichnenden

[10] Schneider, K.: Awakenig to an Awe-Based-Psychology. In: The Humanistic Psychology 39 (2011), 247–252.

[11] Schneider, K.: Awakening to awe. Personal stories of profound transformation, Lanham: Aranson 2009.

[12] Pearsall, P.: Awe. The delights and dangers of our eleventh emotion, Deerfield Beach: Health Communications 2007.

[13] Schweitzer, A.: Gesammelte Werke in fünf Bänden: Band 2: Schriften zur Kulturphilosophie, München: C. H. Beck 1993.

[14] Eck, S. B.: Auf dem Prüfstand: Albert Schweitzer und die Ethik der Ehrfurcht vor dem Leben, Saarbrücken: Arbeitskreis Tierrechte & Ethik 2002.

Titel »Die verlorene Ehrfurcht« gab.[15] Eine *Psychologie* der Ehrfurcht liegt noch nicht vor. Eine erste Morgenröte war der Artikel »Ehrfurcht: Staunend das Leben bereichern« in der Zeitschrift »Psychologie heute«.[16]

[15] Marschütz, G.: Die verlorene Ehrfurcht. Über das Wesen der Ehrfurcht und ihre Bedeutung für unsere Zeit, Würzburg: Echter 1992.

[16] Reinhardt, S.: Ehrfurcht: Staunend das Leben bereichern. In: Psychologie heute 40 (2013), 8 f.

Das erste Kapitel versucht, Ehrfurcht definitorisch zu erfassen, insbesondere als Emotion, was kein leichtes Unterfangen ist, weil sich nur schwer in Worte kleiden lässt, wie sich Pupillen weiten und Schauer über den Rücken rieseln. Hilfreich ist daher, sie in Beziehung zu nahestehenden und doch verschiedenen Phänomenen zu setzen: zu Furcht, Respekt, Achtung, Bewunderung, Staunen.

Das zweite Kapitel beginnt mit der Klage über die geschwundene Ehrfurcht, wie sie schon vor Jahrtausenden angestimmt wurde, und bis heute andauert. Keine Ehrfurcht mehr vor dem Tabernakel, vor Respektspersonen, vor den Alpen, vor Stammzellen, Tieren, der Natur. Aber haben unsere ZeitgenossInnen Ehrfurcht wirklich verloren? Und wann und wo stellt sie sich ein, wenn überhaupt? In sakral gestalteten Hallen von Banken? Auf einer Aussichtskanzel über dem Grand Canyon? Vor Anemonen, die durch schmelzenden Schnee treiben? Wir befragten 500 Personen und waren erstaunt: So ehrfurchtslos – wie oft behauptet – sind Menschen auch im 21. Jahrhundert gar nicht.

Das dritte Kapitel erörtert Funktionen von Ehrfurcht, die negativ, aber auch wünschenswert sein können. Verwerflich ist, mit Ehrfurcht Menschen einzuschüchtern, sie klein und abhängig zu halten, um sie leichter manipulieren zu können. Die amerikanischen Streitkräfte bezweckten mit ihren Tomahawk-Marschflugkörpern, welche meterdicke Betonwände (und menschliche Leiber) zerrissen und tödliche Feuerpilze in den Himmel trieben, nicht nur Schock, sondern ausdrücklich Ehrfurcht *(awe)*. Aber: Ehrfurcht kann erwiesenermaßen auch bewirken, dass sich bei stillenden Müttern der Milchfluss verstärkt, dass Menschen erfahren, mehr Zeit zu haben, dass sie eine innigere Verbundenheit mit der Natur und den Mitmenschen spüren und zu großartigen Schöpfungen inspiriert und motiviert werden. Anton Bruckner, Komponist der Ehrfurcht, bekannte, seine schönsten Werke »in Ehrfurcht« geschaffen zu haben; ebenso Adalbert Stifter, Dichter der Ehrfurcht, und Albert Schweitzer, Philosoph und Praktiker der Ehrfurcht. Drei biographische Skizzen belegen: Ehrfurcht macht stark!

Das abschließende Kapitel widmet sich der Erziehung zu Ehrfurcht. Sie kann nicht anders als damit beginnen, Ehrfurcht vor dem Kind zu empfinden und entsprechend zu leben.

ERSTES KAPITEL

Was ist Ehrfurcht?

1.1 Ein junges Wort für ein altes Phänomen

»Ehrfurcht« wird oft für ein altes, verstaubtes Wort gehalten. Aber sprachgeschichtlich ist es jung. Zwei große deutsche Sprachschöpfer verwendeten es noch gar nicht: Meister Eckhart (gest. um 1327) und Martin Luther (gest. 1546). Aber beide kannten das Phänomen. Der große Mystiker etwa mitten in rauschenden Ährenfeldern, in denen Gott gegenwärtig sei, erschaudernder als in der Kirche des Papstes. Und der Reformator, der in dem Gewitter zu Stotternheim gelobte, ins Kloster einzutreten, schrieb von Gott, so majestätisch zu sein, dass der Mensch, wenn er dies wirklich bedenke, in seinem Leibe und Herzen erschrecke und »scheu« werde.[17]

Erstmals findet sich »Ehrfurcht« in einem Buch, das der Jurist Ahasver Fritsch im Jahre 1666 über das Ge-

[17] Aus: Otto, R.: Das Heilige. Über das Irrationale in der Idee des Göttlichen und sein Verhältnis zum Rationalen, München: C. H. Beck 2013, 122.

meinwesen veröffentlichte. Bereits zu Goethes Lebzeiten war »Ehrfurcht« – wie er selber sagte – »in allgemeiner Übung«. Dazu trug gerade er selbst bei, indem er in seinem Bildungsroman »Wilhelm Meister«, 1794 erschienen, die »dreifache Ehrfurcht« beschrieb, die den Menschen allererst zum Menschen mache: Ehrfurcht vor dem, was über uns ist, was unter uns und was uns gleich ist.[18]

Wie und warum kam es zu »Ehrfurcht«? Im »Wörterbuch der deutschen Sprache«, herausgegeben von Jacob und Wilhelm Grimm, wird vermutet, das Kompositum »Ehr-Furcht« sei erst zusammengesetzt worden, als aus dem althochdeutschen Wort »era« (Ehre) die numinose Scheu verschwunden war. In »Ehre« steckte ursprünglich nicht nur »Achtung«, die anderen Menschen entgegenzubringen ist, sondern auch das griechische »aidos«, die Scheu.[19] Diese empfanden die Griechen vor den allmächtigen Göttern, etwa vor dem Blitze werfenden Zeus oder vor Poseidon, wenn er das Meer aufwühlte, aber auch vor dem Intimbereich der Mitmenschen, war doch Aidos, die Tochter des Prometheus, auch Göttin der Sittsamkeit. »Ehre« wird heute vielfach floskel-

[18] Goethe (Anm. 3), 169.

[19] Kluge, F.: Etymologisches Wörterbuch der deutschen Sprache, Berlin & New York: De Gruyter [23]1995, 206.

haft und ohne den geringsten Anhauch von Pietät verwendet, so etwa, wenn bei einer Begrüßung »Habe die Ehre« gesagt wird und man dabei denken kann: »Du Trottel«. Ganz anders zu Beginn des 19. Jahrhunderts, als Johann Philipp Neumann dichtete, was Franz Schubert in der bis heute gesungenen Messe vertonte: »Ehre, Ehre sei Gott in der Höhe« – die angemessene Antwort des Menschen: Stammeln und Staunen vor der Größe der Schöpfung und der Heiligkeit Gottes.

Wie jung das Wort »Ehrfurcht« auch ist, jahrtausendealt scheint das Phänomen. Wie dürften vor Jahrtausenden unsere Vorfahren, aus der afrikanischen Savanne aufgebrochen, empfunden haben, als sie das erste Mal auf die Weiten des Indischen Ozeans schauten? Wahrscheinlich ähnlich, wie wenn heutige Kinder das erste Mal das endlose Meer sehen. Mir bleibt unvergesslich, wie sich meine ältesten Kinder, vier und fünf Jahre alt, damals verhielten. Nach einer längeren Fahrt im Bus bog dieser in der Nähe des Strandes von Porto Garibaldi an der Adria auf den Platz mit der Endstation ein. Das Gepäck zurücklassend, stiegen wir gleich eine leichte Kuppe hoch, um auf das Meer sehen zu können. Der in der Sonne leuchtende Strand breitete sich aus, von gebräunten, sich tummelnden Menschen bevölkert, und dahinter, tief blau, bis zum fernsten Horizont, das

Meer, das in schaumgekräuselten Wellen ans Festland brandete. Die Pupillen der Kinder weiteten sich, der Junge hielt die Hand vor den offenen Mund und sagte: »So groß!«

1.2 Ehrfurcht: Eine Emotion?

Was ist Ehrfurcht? Eine Haltung, wie sie Albert Schweitzer vorlebte? Oder eine Emotion, die uns überwältigt und wieder verlässt? Beides! Für Letzteres votierte Paul Pearsall, der das wunderschöne Buch »Ehrfurcht. Die Freuden und Gefahren unserer elften Emotion« verfasste. Was aber ist eine Emotion? Eine altehrwürdige Definition haben die Bestsellerautoren Lelord und André in ihrem Buch »Die Macht der Emotionen und wie sie unseren Alltag bestimmen« in Erinnerung gerufen.[20] Sie entstammt dem französischen Wörterbuch von Furetières aus dem Jahre 1690: »Außergewöhnliche Bewegung, die Körper und Geist aufrührt und das Temperament oder das Gleichgewicht des Geistes stört«. Am ersten Teil hielt die Emotionspsychologie fest. Wenn

[20] Lelord, F. & André, C.: Die Macht der Emotionen und wie sie unseren Alltag bestimmen, München: Piper 2006, 12.

uns etwas wirklich bewegt, dann weniger Gedanken als vielmehr Emotionen, die sich körperlich zeigen: geweitete Pupillen in der Angst, Röte im Zorn, sich aufstellende Nackenhärchen in der Ehrfurcht. Heute so nicht mehr vertreten werden jedoch die angeblich negativen Auswirkungen von Emotionen. Sie sind keinesfalls nur »Störung«, als was sie von vielen Philosophen verdächtigt wurden, etwa von Spinoza, demzufolge die Affekte den Menschen knechten und seinen Verstand außer Kraft setzen. Anders die Psychologie nach der emotionalen Wende, wie sie sich aktuell vollzieht. Viele Entscheidungen – welches Auto wir kaufen, mit wem wir Tisch und Bett teilen – treffen wir im Bauch. Und bemühen hernach den Verstand, um unsere Wahl zu rechtfertigen.

Was ist eine Emotion? Gemäß einem Mindestkatalog enthält jede Emotion folgende Komponenten:

1. auslösende Stimuli, speziell Sinneseindrücke,
2. körperliche Erregung,
3. kognitive Durchdringung,
4. Reaktionen im Verhalten.

1. Wenn unsere jagenden Vorfahren durchs Gehölz pirschten und plötzlich einen Säbelzahntiger erblickten, weiteten sich ihre Pupillen. Ebenso, wenn sie in der

Nacht aufwachten, weil es nach Verbranntem roch oder unbekannte Geräusche zu hören waren. Emotionen erfordern sinnliche Stimuli. Auch Ehrfurcht? Sie würde sich in dunklen, schalldichten Räumen nicht regen. Anders bei jenen Männern und Frauen, die den Psychologinnen Laura Fredrickson und Dorothy Anderson erzählten, was sie bei ihren Trips in die Wildnis, unter freiem Himmel schlafend, erlebten: »Ich erinnere mich, wie der Mond über der Wand des Canyons aufstieg und Schatten warf. Ich mochte einfach nur daliegen und in den Sternenhimmel schauen, wo ich den Orion entdeckte. Dies erfüllte mich mit einem tiefen Gefühl für die Unendlichkeit.«[21]

2. Emotionen beinhalten stets eine physiologische Komponente und werden verspürt. Wer lange auf einen freien Parkplatz gewartet hat und dann sieht, wie ein anderer Fahrer diesen wegschnappt, gerät in Zorn, errötet, ballt die Fäuste. Ein Gründervater der Psychologie, William James, war sogar der Meinung, Emotionen seien die *Folge* körperlicher Vorgänge:[22] Weil sich die

[21] Fredrickson, L. M. & Anderson, D. H.: A qualitative exploration of the wilderness experience as a source of spiritual inspiration. In: Journal of Environmental Psychology 19 (1999), 21–39.

[22] James, W.: The principles of psychology, New York: Holt, 1890 (dt.: Psychologie, übersetzt von M. Dürr, Leipzig: Quelle & Meyer 1908).

Tränendrüsen aktivieren, werden wir traurig. Und nicht: Weil wir niedergeschlagen sind, beginnen wir zu weinen. Doch der Psychologe Walter Cannon hatte schon im Jahr 1927 gezeigt, dass gleiche körperliche Vorgänge mit unterschiedlichsten Stimmungen einhergehen können. Wir können schluchzen vor Schmerz – und tiefstem Glück. Dennoch: Richtig bleibt an der Theorie der Emotionen von James, dass diese physiologisch erregen. Auch Ehrfurcht? Wer sie intensiv erlebt, bei dem weiten sich die Pupillen; über den Rücken rieseln Schauer, die Nackenhaare stellen sich auf, der Atem geht kürzer, oft beschleunigt sich der Puls.

3. Könnte der Mensch in Ehrfurcht geraten, wenn er nichts oder nur wenig darüber wüsste, worauf er gebannt hinschaut? In den Emotionen stecken stets kognitive Komponenten. Sie sind eine elementare Form des Wissens. Wenn die Amygdala feuert – etwa nachdem ein Wanderer im Laubwald fast auf eine Viper getreten wäre –, *weiß* er sich zutiefst bedroht, bevor er erkennt, dass das am Boden eine Schlange ist. Anders als vom Behavioristen Burrhus F. Skinner angenommen, sind Emotionen nicht nutzlos und schlecht für Geistesruhe und Blutdruck. Ohnehin: Alle Kognitionen sind emotional eingefärbt, einige in Langeweile, andere in Lust. Gehirnforscher zeigten den Grund dafür

auf:[23] Keine Information kann im präfrontalen Cortex (Ort höherer Verstandestätigkeit) abgespeichert werden, wenn sie nicht das limbische System passiert hat. Dass Emotionen entscheidend von kognitiven Bewertungen abhängen, steht im Kern der Emotionstheorie von Schachter und Singer.[24] Welch ein Unterschied, ob ich von Schritten, die sich in der Dunkelheit nähern, weiß, dass es die der Geliebten sind, oder ob ich einen Einbrecher vermute. Auch Ehrfurcht erfordert Wissen und trägt das Potential in sich, sich noch mehr davon aneignen zu wollen. Je mehr ein Betrachter des Sternenhimmels über Tiefen und Mächte im Kosmos weiß, desto stärker kann die Ehrfurcht werden, desto unwiderstehlicher das Verlangen, noch tiefer ins Mysterium einzudringen.

4. Emotionen rufen Reaktionen hervor. ›Negative‹ Emotionen schränken unser Verhaltensrepertoire ein. Aber: Faktisch ist keine Emotion negativ, vielmehr erfüllt jede, in der langen Evolution entstanden, ihren Sinn. Und dennoch: In der Furcht können wir nicht an-

[23] Spitzer, M.: Lernen. Gehirnforschung und die Schule des Lebens, Heidelberg: Spektrum 2000.

[24] Schachter, S. & Singer, J. E.: Cognitive, social, and physiological determinants of emotional state. In: Psychological Review 69 (1962), 379–399.

ders als zurückweichen, im Zorn ballen sich die Fäuste, in der Überraschung weiten sich die Pupillen. In froher Heiterkeit hingegen können wir wählen: Spazierengehen? Rilke-Gedichte lesen? Die Partnerin ausführen? Auch in Ehrfurcht ist das Verhaltensrepertoire breiter als in der Furcht. Sie gebietet zum einen: Halt! Aber das, wovor wir Ehrfurcht empfinden, zieht auch in den Bann, fasziniert, ergreift. Oder motiviert, es zu hegen, beispielsweise einen Krokus, der durch den schmelzenden Schnee treibt, oder zu pflegen, etwa ein neugeborenes Kind.

Ehrfurcht kann mit guten Gründen als Emotion gewürdigt werden. Sie bedingt auslösende Sinneseindrücke, erzeugt physiologische Erregung, erfordert Kognitionen und führt zu Reaktionen. Aber zum Wesen der Emotionen gehört auch, dass sie zeitlich befristet sind, kürzer als Stimmungen. Niemand kann stets euphorisch sein. Ist infolgedessen auch Ehrfurcht episodisch? Keine längerfristige, bestenfalls lebenslange Haltung, wie sie von Albert Schweitzer gelebt und gewünscht wurde? Nur ein kurzes Erschauern, wenn das Neugeborene in den Armen liegt, oder wenn die letzten Sonnenstrahlen hinter dem endlosen Meer verglühen?

Hilfreich scheint eine Differenzierung von Paul Pearsall. Er unterscheidet drei Formen der Ehrfurcht:[25]

1. verzögerte,
2. unmittelbare,
3. reflektierte.

1. Menschen können in Ehrfurcht geraten, bevor ihnen dies bewusst wird. Ein Gesprächspartner von Pearsall: »Mich überkam ein Schauern, ich zitterte und schnappte nach Luft, bevor ich es realisierte. Etwas war mir widerfahren, bevor ich wusste, was es war, und ich denke, mein Körper war in Ehrfurcht, bevor ich es war.«[26] Die Schilderung dieses »phantastischen Gefühls« erinnert an die Theorie von William James, der gemäß Emotionen die Folgen physiologischer Vorgänge sind.

2. Der Physiologe Walter Cannon kritisierte um 1920 die Emotionstheorie von James. Er experimentierte – ethisch nicht einwandfrei – mit Tieren, deren Rückenmark er durchtrennte, und die gleichwohl emotionale Reaktionen zeigten. Seiner Meinung nach bewirken starke Sinneseindrücke *gleichzeitig* die körperliche Erregung *und* das Gewahrwerden der Emotion, was auch

[25] Pearsall (Anm. 12), 106f.
[26] Ebd., 107.

in der unmittelbaren Ehrfurcht geschieht. Eine Interviewpartnerin von Pearsall: »Ich zitterte am ganzen Körper, sobald ich die empfindliche Wärme des Enkels spürte. Mein Herz pochte, und Tränen begannen über die Wangen zu fließen … Dies alles geschah gleichzeitig und war so intensiv, dass ich fast fürchtete, ihn fallen zu lassen.«[27]

3. Wenn diese Oma, sobald die Tränen der Rührung versiegt sind, ihre starken Empfindungen ordnet, Dankbarkeit spürt und über das tiefe Mysterium des Lebens nachsinnt, kann sie in eine länger anhaltende, reflektierte Ehrfurcht geraten. Pearsall spricht von einer »Ehrfurcht des Verstehens«, während die beiden ersten Formen der Ehrfurcht »unterschwellig« (subliminal) seien. Die Ehrfurcht berge vor allem das Potenzial in sich, die Seele zu weiten und unsere Sicht der Welt und von uns selbst zu vertiefen. Ehrfurcht als episodische Emotion und als längerfristige Haltung schließen sich nicht aus. Wer nicht gelegentlich von diesen starken Gefühlen übermannt wird, etwa wenn er einer prächtigen Landschaft, z. B. den Niagarafällen, gegenübersteht, entwickelt schwerlich eine Weltanschauung wie diejenige Albert Schweitzers. Ist es nicht wie in der

[27] Ebd., 108.

Paarbeziehung? Wenn nicht hie und da die Erotik knistert, die Zeit im Küssen vergessen wird und sich ein Orgasmus zusammenballt, wird die Beziehung leichter brüchig.

Ist Ehrfurcht also eine Basisemotion, wie von Paul Pearsall angenommen? Aber was ist eine Basisemotion? Von einer solchen wird gefordert, universell zu sein, bei allen Menschen aufzutreten und sich körperlich zu zeigen, speziell im Gesichtsausdruck: Freude, die sich in nach oben geschwungenen Lippen und angehobenen Brauen (selbst bei Blindgeborenen) ausdrückt, Überraschung in geweiteten Pupillen. Wie viele Basisemotionen es gibt, ist strittig. Der Philosoph René Descartes (1596–1650) nahm sechs an: Bewunderung, Liebe, Hass, Begierde, Freude und Kummer. Der Emotionspsychologe Robert Plutchnik postulierte acht, die unseren Vorfahren das Überleben erleichterten, indem sie sogleich zu angemessenen Reaktionen führten: In der Furcht sich schützen, im Ärger Kräfte mobilisieren, um das Hindernis zu beseitigen.[28] Die weiteren sechs sind Freude, Kummer, Vertrauen, Ekel (wenn wir mit gerümpfter

[28] Plutchik, R.: Emotions and life: Perspectives from psychology, biology, and evolution, Washington, DC: American Psychological Association 2002.

Nase unwillkürlich vor schweflig faulen Eiern zurückweichen), Überraschung und Erwartung. Im Fortgang der Entwicklung können sie sich vermischen und neue, *sekundäre* Emotionen bilden: Liebe als Freude *und* Vertrauen, Geringschätzung als Ärger *und* Ekel – Ehrfurcht als Überraschung *und* Furcht.

Archaisch an Ehrfurcht scheint die Furcht, mit der sie aber keineswegs identisch ist (ausführlicher Kapitel 1.3). Diese Komponente könnte erklären, warum sie als »natürlich« gilt.[29] Kein Geringerer als Charles Darwin war dieser Auffassung, als er im brasilianischen Urwald von unerschöpflichem Staunen und tiefer Ehrfurcht erfüllt wurde. In seinem 1872 erschienenen Klassiker über den emotionalen Ausdruck bei Tieren und Menschen berichtet er, wie ein Australienforscher einen Eingeborenen erlebte, als dieser das erste Mal einen Menschen auf einem Pferderücken sah: »Ein großartigeres Bild von Erstaunen und Furcht habe ich nie gesehen. Er (der Aborigine) stand da, unfähig ein Glied zu rühren, ganz gefesselt von dem Anblick, der Mund geöffnet, die Augen geweitet.«[30] Das Aufsperren der Augen erklärte sich der Schöpfer der Evolutionstheorie damit,

[29] So von Pearsall (Anm. 12).

[30] Darwin, C.: The expression of the emotions in man and animals, Minneapolis: Filiquarian Publishing 2007, 283 (Orig. 1872).

der Mensch, wenn er etwas Ungewohntem, Größerem begegne, wolle sofort eine Ursache dafür erkennen. Und den geöffneten Mund damit, leichter und tiefer atmen zu können. Reagierten unsere Vorfahren nicht auch so, wenn sie einer Herde Mammuts begegneten, oder in Gebirgstälern, in die sie vorpirschten und dabei erstmals zu gewaltigen Wasserfällen aufschauten? So etwa im Berner Oberland auf den Staubbachfall, 300 Meter hoch, seine Gischt auf alle Seiten verstäubend, was Goethe zum mystisch-ehrfurchtsvollen Gedicht »Gesang der Geister über den Wassern« inspirierte. Unvergesslich bleibt mir, wie meine älteste Tochter, knapp ein Jahr alt, erstmals auf die brennenden Kerzen des Weihnachtsbaums starrte: der Mund offen, die Augen geweitet. Und ebenfalls die vielen Kinderaugen, wenn ich als Nikolaus vor sie hintrat: in den geweiteten Pupillen Furcht, aber auch Staunen, Faszination und, wenn die Jungen und Mädchen schon ein wenig älter waren, auch ein gewisser Schalk. Bevor eine Schulklasse das erste Mal den Grand Canyon besucht, muss sie nicht in Ehrfurcht unterwiesen werden; diese zeigt sich in den staunend verblüfften Gesichtern von selbst.

Aber: Gibt es nicht auch Menschen, die achtlos Blumen zertreten, einen faszinierenden Sonnenuntergang banal finden, spirituelle Gefühle verulken, sich am Leben schamlos vergreifen, schlimmstenfalls an Kindern? Ist Ehrfurcht wirklich natürlich? Oder zeigt sich in ihr nicht vielmehr, wie auch Goethe glaubte, »ein höherer Sinn«, der vom Menschen allererst erworben und dann »gehegt« werden muss, was »schwer« sei?[31] Allerdings können wir niemals wissen, was Menschen, die pietätlos wirken, schon alles widerfahren ist. Möglicherweise haben auch die blutigsten Schlächter der Weltgeschichte als Kinder ehrfürchtig Naturerscheinungen betrachtet – etwa frisch geworfene Welpen oder Kätzchen – und sind erst hernach seelisch versehrt worden. Der Ehrfurcht besonders abträglich sei die in den letzten Jahrzehnten propagierte Mentalität der Selbstverwirklichung.[32] Wer auf sein Ego fixiert ist, tut sich schwerer, sich für etwas Größeres außerhalb seiner selbst zu öffnen.

Kurzes Fazit: Ehrfurcht wurzelt in archaischen Seelenschichten und ist eine Emotion, die intensiv erlebt werden kann, wenn der Mensch etwas Größerem und Überwältigendem gegenübersteht, das er fürchtet und doch nicht fürchtet, das er weder aus dem Weg schaffen kann (z. B. den Montblanc), noch beseitigen will, sondern im Gegenteil hegen und pflegen, und dem er sich

[31] Goethe (Anm. 3), 170f.
[32] Pearsall (Anm. 12), 49.

anzunähern und in seinem Wahrnehmen und Verhalten ähnlicher zu werden versucht. Genauer konturieren lässt sich Ehrfurcht, wenn sie – wie von Otto Friedrich Bollnow meisterhaft demonstriert[33] – in Beziehung zu verwandten Phänomenen gesetzt wird.

1.3 Ehrfurcht und nahestehende Phänomene

Furcht

Ist es Ehrfurcht, wenn ein Mensch in einen tosenden Orkan hinaustritt, über die Naturgewalten staunt, aber fürchtet, eine Böe könnte sein Hausdach wegreißen? Ist es Ehrfurcht, wenn Menschen Gott vor allem fürchten? Über solche Fragen dachte auch der große Philosoph Immanuel Kant (1724–1804) nach. »Ehrfurcht« sei »recht völlig von der Furcht zu unterscheiden«, weil letztere »knechtisch« sei – zumal die Furcht vor Gott.[34] Vielmehr setze sie »Hochachtung« voraus, ein »Gefühl

[33] Bollnow, O. F.: Schriften, Band II: Die Ehrfurcht. Wesen und Wandel der Tugenden, Würzburg: Königshausen & Neumann 2009, 3–54.

[34] Kant, I.: Kant's Vorlesungen, Band IV: Vorlesungen über Moralphilosophie, Berlin: de Gruyter 1974, 32.

für das Erhabene«.[35] »Erhaben« mag altertümlich klingen, aber spielte in der philosophischen Ästhetik eine wichtige Rolle. Bereits der antike Schriftsteller Longinos (212–272) nannte den lavaspuckenden Ätna – zumal in der Nacht ein schaudereinflößender Anblick, als ob die Erde blutete – »erhaben«. Auch Kant unterscheidet das Erhabene vom Schönen, das bloß gefalle,[36] aber den Menschen nicht in eine eigentümliche, gehobene Gefühlslage versetzt, die sich bis zum Erschauern steigern kann. Intensiv erlebte er dies beim Betrachten des nächtlichen Himmels: »Zwei Dinge erfüllen das Gemüt mit immer neuer und zunehmender Bewunderung und Ehrfurcht, je öfter und anhaltender sich das Nachdenken damit beschäftigt: Der bestirnte Himmel über mir und das moralische Gesetz in mir.«[37] Kant hatte sich das damals verfügbare astronomische Wissen angeeignet und erahnte das »unabsehlich-Große mit Welten über Welten«, worin dieser Planet »ein bloßer Punkt« ist, und bekennt, »der Anblick einer zahllosen Weltenmenge vernichtet meine Wichtigkeit.« Aber gleichzeitig erfährt er seelische Größe aufgrund dieses Erahnenkön-

[35] Kant, I: Werke in zwölf Bänden. Hg. von Wilhelm Weischedel, Zürich: Ex Libris 1977, Band X, 164.

[36] Kant (Anm. 35), X, 166.

[37] Kant (Anm. 35), VII, 300.

nens und des moralischen Gesetzes, das den Menschen erhebt, ihn überdauert und »ins Unendliche geht«.[38]

Furcht und Ehrfurcht führen zu ähnlichen physiognomischen und physiologischen Reaktionen: aufgerissene Augen, geweitete Pupillen, die Seh- und Hörnerven empfindlicher, die Muskeln angespannter, der Herzschlag schneller. Aber: Während der Mensch sich in der Furcht unmittelbar bedroht fühlt, wahrt der Ehrfürchtige – mit Goethe gesprochen – »Freiheit«, und er kann die »Ehre behalten«.[39] In nackter Furcht, wie von Tausenden Soldaten erlebt, wenn im ersten Gefecht die Kugeln vorbeipfeifen, gehorchen oft die Schließmuskeln nicht mehr. In der Ehrfurcht – undenkbar! Sie können Menschen nur empfinden, wenn wir – so Kant – »uns in Sicherheit befinden«.[40] Ein tobender Orkan, den Bug des Kreuzfahrtschiffes meterhoch hebend, bevor dieser wieder in die aufspritzende Gischt eintaucht, kann Ehrfurcht hervorrufen. Ganz anders dann, wenn das Schiff zu kentern begänne und sich die Augen panisch weiteten.

In der Furcht kann der Mensch nicht anders, als das Bedrohliche fliehen – so vor einem knurrenden Lö-

[38] Ebd.
[39] Goethe (Anm. 3).
[40] Kant (Anm. 35), X, 185 f.

wen – oder es unschädlich machen, etwa der Schlange den Kopf zertreten. Ganz anders in der Ehrfurcht. Was diese einflößt, bleibt unangetastet, sei es, weil es übermächtig ist, etwa das in der Morgensonne erstrahlende Matterhorn, sei es, weil es Beschützerinstinkte weckt, so ein in der Wiege schlummerndes Kind.

Ehrfurcht ist mit Furcht in der Tat nicht gleichzusetzen, weil letztere instinktive Reaktionen auslöst, die nach stammesgeschichtlich viel älteren Mustern ablaufen, speziell in der Amygdala. Demgegenüber schließt Ehrfurcht kognitive Komponenten mit ein und kann umso intensiver und umfassender werden, je mehr Menschen wissen. Gleichwohl: Würde Furcht aus Ehrfurcht völlig herausdestilliert, würde sie blasser und zu »Achtung« oder »Respekt«.

Respekt

»Ehrfurcht hat für mich etwas mit Respekt zu tun«, sagte eine unserer InterviewpartnerInnen. Dieses Wort ist in der Umgangssprache häufiger als »Ehrfurcht«, speziell in der Klage darüber, er sei geschwunden, ja verloren gegangen. Gelegentlich taucht es auch als Floskel auf, etwa wenn die Hand einer höhergestellten Person geschüttelt wird: »Mein Respekt.« Oder wenn ein Kollege ein vorzügliches Buch veröffentlicht hat: »Respekt!« Etymologisch geht das Wort auf das lateinische »respicere« zurück: Sich umschauen, Rücksicht nehmen. Ursprünglich hatte Respekt mit einem elementaren, zwischenmenschlichen Vorgang zu tun: Einander anblicken. Wenig ist hier oft verletzender, als gar nicht mehr angeschaut zu werden – viele PartnerInnen könnten Klagelieder dazu anstimmen.

Respekt, ursprünglich zwischenmenschlich auf gleicher Ebene, wurde im mittelalterlichen Französisch hierarchisch: »Achtung«, ja »Hochachtung«.[41] Solche empfanden Kinder vor den Müttern, diese vor den Vätern, jene vor den Fürsten, diese vor dem König, und der Gekrönte vor Gott. Auch im Deutschen: Respekt sei, wenn eine Person einer anderen »Hoheit« zugesteht und vor ihr »Scheu« empfindet, speziell vor militärischen Vorgesetzten.[42] Aktuelle Theoretiker des Respekts lehnen dieses hierarchische Verständnis ab, das vielerorts bizarre Huldigungszeremonien hervorbrachte (gebückte Lakaien), und favorisieren Respekt als wechselseitige

41 Matschiner, H.: Herkunftswörterbuch, Gütersloh: Bertelsmann Lexika Verlag 1998, 525.

42 Zedler, J. H.: Universallexikon aller Wissenschaften und Künste, Leipzig/Halle 1742, 747 (Reprint: Graz 1961).

Anerkennung, auch bei unterschiedlichen Meinungen und unabhängig von Status und Macht.[43]

Ist Ehrfurcht Respekt? Und welcher Respekt? Der demokratische ist emotional weniger intensiv, ruft keine physiologischen Reaktionen hervor, lässt uns nicht erschauern. Anders hingegen der hierarchische, sofern nicht erzwungen – etwa durch Etikette oder das Protokoll einer Zeremonie –, sondern aus freien Stücken bezeugt. Man muss es erlebt haben: Die andächtige Stille, die sich ausbreitet, wenn eine moralisch hochstehende Person wie der Dalai Lama einen Vortragssaal betritt.

Respekt ist primär ein zwischenmenschliches Geschehen. Vor einem Sonnenuntergang, mag er noch so phantastisch sein, haben wir ihn nicht, auch nicht vor der in klaren Herbstnächten glitzernden Milchstraße. Eher noch vor Tieren, etwa einem knurrenden Hund, und wenn er schon zugebissen hat, umso mehr. Aber dieser Respekt ist primär der Vorsicht geschuldet. Insgesamt gilt: Ehrfurcht, in der Begegnung mit etwas Überwältigendem und Größerem, ist emotional intensiver als Respekt und kann durch vielfältigere Stimuli (speziell aus der Natur) geweckt werden.

[43] Sennett, R.: Respekt im Zeitalter der Ungleichheit, Berlin: Berlin Verlag 2004.

Achtung

Der Philosoph Otto Friedrich Bollnow begann seine gehaltvolle und minutiöse Beschreibung der Ehrfurcht mit Gedanken über »Achtung«, die mit Respekt »am nächsten verwandt« sei. Im Mittelhochdeutschen bedeutete »achtunge« das schlichte Beachten und Wahrnehmen, das die Aufmerksamkeit steigern kann, etwa wenn Bergwächter auf Zeichen achten, die auf baldige Lawinen hindeuten. Aus »achtunge« entwickelte sich der Zuruf »Achtung«, um Menschen vor Gefahren zu warnen, so im Militär: »Achtung, eine Handgranate!«

Bezüglich Ehrfurcht bedeutsamer ist nicht das Achten auf etwas, sondern die Achtung *vor* jemandem. Vor der Eigernordwand oder einem Sonnenaufgang haben wir keine Achtung, sondern vor den Feuerwehrleuten, die am 11. September 2001 die Stiegenhäuser der brennenden World-Trade-Center-Türme hochrannten, nachdem die Flugzeuge explodiert waren, um so viele Eingeschlossene wie möglich zu retten. Millionen Menschen bekundeten vor ihnen, die hundertfach ihr Leben gaben, Hochachtung. Schon Kant legte dar: »Achtung geht jederzeit nur auf Personen, niemals auf Sachen.«[44]

[44] Kant (Anm. 35), VII, 197.

Sie nimmt »den anderen Menschen als grundsätzlich auf derselben Stufe stehend und denselben Gesetzen unterworfen (wahr) wie man selbst«.[45] Dieses »moralische Gefühl« schlechthin ist Kant zufolge allen Personen entgegenzubringen, weil in jedem Menschen »die Würde der Menschheit« gegenwärtig sei.[46]

Dass Achtung zwischenmenschlich auf gleicher, ebenbürtiger Ebene liegt, zeigt sich an ihrem Gegenteil, an der Verachtung. Diese blickt stets »im Bewusstsein der eigenen Überlegenheit herab«.[47] Sei es auf ein Individuum, weil es sich niederträchtig verhielt und »moralischen Ekel« hervorrief, etwa Kinderschänder, die in der Gefängnishierarchie ganz unten stehen. Sei es auf andere Gruppen und Ethnien, etwa Juden, Roma und Sinti, die von den Nationalsozialisten bezeichnenderweise zu »Untermenschen« degradiert wurden.

Ist Achtung Ehrfurcht? Auch wenn sie von unseren InterviewpartnerInnen gelegentlich dafür gehalten wurde: Kaum! Ehrfurcht bezieht sich auf etwas Größeres und Überwältigendes, wohingegen Achtung jemandem auf gleicher Augenhöhe entgegengebracht wird und also auf den menschlichen Bereich beschränkt ist.

[45] Bollnow (Anm. 33), 27.
[46] Kant (Anm. 35), VIII, 585.
[47] Bollnow (Anm. 33), 17.

Auch ist sie emotional weniger intensiv und bewirkt nicht, dass sich die Pupillen weiten. Wir können Menschen achten, ohne sie zu fürchten, ohne sie zu lieben, ohne mit ihnen verbunden zu sein. Auch für Bollnow ist sie nicht »im vitalen Lebensuntergrund verwurzelt«, vielmehr müsse sie allererst entwickelt und erzieherisch gefördert werden.[48]

Bewunderung

Auf dem Pausenplatz der Volksschule bewunderte ich oft einen Schüler, der drei Klassen über mir war, Markus mit Namen: hochgewachsen, athletisch, der allen davonsprintete, sich in wenigen Sekunden die Kletterstange hochzog und alle, die sich mit ihm anlegten, auf den Rücken legte. Instinktiv suchte ich seine Nähe, beobachtete seine Gewandtheit und versuchte ihm in allem gleichzutun. Obschon Bewunderung enorm motivieren kann, ist sie in der Emotionspsychologie ein Stiefkind, ausgenommen die Bewunderung als Komponente der narzisstischen Störung, wenn Menschen erwarten, dass ihre angeblich außerordentlichen Fähigkeiten bewun-

[48] Bollnow (Anm. 33), 25.

dert werden, und gekränkt sind, wenn die Komplimente ausbleiben.[49]

Charles Darwin definierte Bewunderung als »Überraschung, verbunden mit Freude, Vergnügen und Wohlwollen«.[50] Sie stellt sich ein, wenn Menschen sehen, wie andere außerordentliche Fähigkeiten demonstrieren. In der Fernsehshow »Wetten dass« vom 5. November 2011 nahm Stephan Pochmann einen zufällig verdrehten Zauberwürfel in die Hand, betrachtete ihn konzentriert, ließ sich eine Augenbinde überstülpen und stieg in ein Wasserbecken, in dem er, ohne Atem zu schöpfen, den Würfel so lange drehte, bis alle Seiten gleichfarbig waren. Das Publikum tobte vor Begeisterung und schloss den jungen Mann ins Herz.

Bewundert wird nicht nur verblüffende Geschicklichkeit, sondern auch moralische Größe. Als Nelson Mandela nach 27 Jahren schikanöser Haft durch die Gefängnistore in die Freiheit schritt, verzieh er als Erstes seinen Wärtern und Peinigern. Den erstaunten Journalisten sagte er: »Wenn ich diese Menschen weiter hasse, dann

[49] Akhtar, S.: Deskriptive Merkmale und Differenzialdiagnose der Narzisstischen Persönlichkeitsstörung. In: O. F. Kernberg & H. P. Hartmann (Hg.): Narzissmus. Grundlagen – Störungsbilder – Therapie, Stuttgart: Schattauer 2010, 231–262.

[50] Darwin (Anm. 30), 281.

bleibe ich im Gefängnis.«[51] Die amerikanischen Psychologen Sara Algoe und Jonathan Haidt untersuchten pionierhaft solche moralischen Helden und schlugen vor, weniger von Bewunderung als vielmehr von »moralischer Erhebung« *(elevation)* zu sprechen, die unser Gemüt erwärmt und die Brust weitet.[52] Denn: Bewundert werden auch Personen, die wenig moralisch sind, selbst gewiefte Schlitzohren, Halunken, mitunter Verbrecher. Viele Deutsche bewunderten etwa den SS-Obergruppenführer Reinhard Heydrich, schlank, groß, blond, in hohen schwarzen Stiefeln. Bewunderung liegt »jenseits aller ethischen Gesichtspunkte. Ich bewundere auch die irregeleitete Genialität.«[53]

Bewunderung kann motivieren, dem Modell nachzueifern, sofern seine Fertigkeiten erreichbar sind. Aber auch wenn jemand keine Musiknoten zu lesen vermag, kann er einen virtuosen Violinisten bewundern, ohne selber das Instrument lernen zu wollen. In der bisher einzigen neuropsychologischen Studie zu Bewunderung präsentierte Mary Helen Immordino-Yang ihren

[51] Aus Lyubomirski, S.: Glücklich sein. Warum Sie es in der Hand haben, zufrieden zu leben, Frankfurt/M.: Campus 2008, 193.

[52] Algoe, S. B. & Haidt, J.: Witnessing excellence in action: The ›other-praising‹ emotions of elevation, gratitude, and admiration. In: The Journal of Positive Psychology 4 (2009), 105–127.

[53] Bollnow (Anm. 33), 21.

Versuchspersonen Videoclips mit außerordentlich geschickten Personen, unter anderem Kunstturner, und maß deren Gehirnaktivitäten.[54] Diese waren in der vorderen Insula sowie im anterioren Cingulum stärker, also in denjenigen Regionen, die für Lernprozesse, Informationsverarbeitung und Motivation zuständig sind. Eine noch stärkere Motivation zeigt sich allerdings dort, wo Menschen beneidet werden, nicht in bösartiger Absicht und um sie zu schädigen, sondern um ihnen gleich zu werden.[55]

Bewundern lassen sich aber nicht nur Menschen. Schon Kant beschrieb die Bewunderung angesichts des »Erhabenen: ... das Schlechthin-Große: himmelansteigende Gebirgsmassen, tiefe Schlünde und darin tobende Gewässer«.[56] Bewundern lässt sich auch das Winzige und Kleine, etwa die Augen von Bienen, die polarisiertes Licht wahrzunehmen vermögen; ebenso Artefakte und Kunstwerke wie die Licht versprühenden Sonnenblumen von Van Gogh. Für Kant ist Bewunderung eine

[54] Immordino-Yang, M. H. et al.: Neural correlates of admiration and compassion. In: Proceedings of the National Academy of Sciences 106 (2009), 8021–8026.

[55] Van de Ven, N., Zeelenberg, M. & Pieters, R.: Why envy outperforms admiration. In: Personality and Social Psychology Bulletin 37 (2011), 784–795.

[56] Kant (Anm. 35), VII, 199.

»edle Haltung«, weil sich der Bewundernde dem Bewunderten unterordnet.

Ist Bewunderung Ehrfurcht? Teils, teils. Das Bewunderte wird als überlegen wahrgenommen, als stärker, größer, geschickter, raffinierter oder virtuoser, und es kann motivieren, sich zu ihm hochzuarbeiten. Aber Ehrfurcht scheint emotional intensiver, in ihr kann es den Menschen kalt oder heiß über den Rücken laufen und schwingt Scheu, ein Anhauch von Furcht mit. Was wir bloß bewundern, oft in Freude und Heiterkeit, bewirkt kein Erschauern.

Staunen

Aus meiner Kindheit erinnere ich mich, wie der Vater sagte, wir würden zur Hohen Brücke fahren. Diese aus Holz gebaute, nur 20 Meter lange Brücke überspannt zwischen Kerns und Flüeli-Ranft in der Zentralschweiz eine Schlucht von mehr als 120 Metern Tiefe. Unvergesslich bleibt, wie ich mich über die Brüstung lehnte und ängstlich überwältigt hinunterschaute, auf winzige Bäume, die sich an die fast senkrechten Felsen festgekrallt hatten, auf das so tief schäumende, rauschende Wasser. »Wie ist so was entstanden?«, habe ich meinen

Vater gefragt, Staunen im Gesicht. Das Staunen, wortgeschichtlich von »starren« hergeleitet,[57] wird dann ausgelöst, wenn der Mensch etwas Unerwartetem gegenübertritt, von dem er ergriffen wird, aber das er noch nicht zu begreifen vermag, und daher zu näherem Erforschen und Lernen motivieren kann.

Staunen zeigt sich im Antlitz, ähnlich wie die Basisemotion Überraschung.[58] Die Stirn hochgezogen und in Längsfalten gelegt, Brauen und Lider gehoben, die Pupillen geweitet, um das Bestaunte so genau wie möglich zu erfassen, der Mund zaghaft oder oval offen. Der Oberkörper wird, nach einem leichten Vorbeugen, unwillkürlich nach hinten bewegt. Ebenso kann sich Ehrfurcht zeigen, was in einer Studie nachgewiesen wurde, in der Studierende diese Emotion mit ihrem Körper, speziell dem Gesicht, ausdrückten.[59] Einige Probanden atmeten zusätzlich tief ein und begannen zaghaft zu lächeln.

[57] Kluge (Anm. 19), 790.

[58] Izard, E.: Die Emotionen des Menschen. Eine Einführung in die Grundlagen der Emotionspsychologie, Weinheim: Psychologie Verlagsunion 1994, 313 f.

[59] Shiota, M. N., Campos, B. & Keltner, D.: The faces of positive emotion. Prototype displays of awe, amusement, and pride. In: Annals of the New York Academy of Science 1000 (2003), 296–299.

Während Ehrfurcht viele an Religion denken lässt, wird das Staunen eher mit der Philosophie assoziiert. Bereits Plato (427–347) mutmaßte, es gebe keinen anderen Ursprung des Philosophierens als das »Thaumazein«[60], die Verwunderung, das Staunen darüber, dass die Dinge so sind, wie sie sind – bis hin zum Erstaunen, dass überhaupt Sein ist und nicht vielmehr nichts. Ebenso Aristoteles: »Weil sie sich nämlich wunderten, haben die Menschen zuerst wie jetzt noch zu philosophieren begonnen; sie wunderten sich über das Unerklärliche, das ihnen entgegentrat.«[61] Auch und gerade Kinder: Weil sich ihre Münder so leicht staunend öffnen, werden sie zu Recht als Philosophen gewürdigt.[62] Allerdings nicht von jenem Denker, der das Staunen als Ursprung des Philosophierens herausstellte: Aristoteles, der Kinder für vernunftlos hielt.

Ist Staunen Ehrfurcht? In beiden Emotionen reagiert der Mensch auf etwas Größeres und Stärkeres. Hier wie dort setzt die Tendenz ein, dieses Umfassendere zu begreifen und ihm gerecht zu werden. Der Emotionspsychologe Izard versetzte Studenten in Überraschung und

[60] Martens, E.: Vom Staunen oder die Rückkehr der Neugier, Stuttgart: Reclam 2003.

[61] Aristoteles: Metaphysik, Stuttgart: Reclam 1976, 19 (982 b, 12).

[62] Freese, L.: Kinder sind Philosophen, Weinheim: Beltz 2002.

beobachtete ihre Reaktionen: Am häufigsten versuchten sie, die Ursache dafür zu verstehen, um dann wieder die Kontrolle darüber zu erlangen. Dennoch: Nicht alles, was in Staunen versetzt, erfüllt auch mit Ehrfurcht, etwa die Taschentricks eines Zauberers, und erst recht nicht, wenn dieser ein Schlitzohr ist. Aber: Staunen kann zu Ehrfurcht hinführen. So sah es Peter Wust (1884–1930), ein Philosoph, der um 1930 große Vortragssäle füllte. Ehrfurcht sei »ein praktischer Liebes- und Verehrungstrieb, der in einem noetischen Akt gründet, nämlich dem Staunen.«[63] Dieses wird Ehrfurcht, wenn wir dem Bestaunten einen Wert beimessen, der uns übersteigt.

Zusammenfassend lässt sich also festhalten: In Ehrfurcht steckt Furcht, und diese macht auch ihre emotionale Intensität aus. Aber im Unterschied zur Furcht erzwingt Ehrfurcht keine instinktive Reaktion, sondern ermöglicht, stehen zu bleiben, ja sich, behutsam und unaufdringlich, zu nähern, und schließt auch mehr kognitive Komponenten mit ein, ohne aber die Phänomene völlig erklären zu können. Ob Ehrfurcht gleichbedeutend mit Respekt ist, hängt davon ab, wie dieser konzeptualisiert wird. Wenn als wechselseitige Anerken-

[63] Röbel, M.: Staunen und Ehrfurcht. Eine werkgeschichtliche Untersuchung zum philosophischen Denken Peter Wusts, Berlin: Lit 2009, 286.

nung, dann nicht, weil Ehrfurcht stets etwas Größeres und Stärkeres voraussetzt. Wenn als Hochachtung verstanden, so bestehen hier mehr Gemeinsamkeiten; aber Ehrfurcht ist intensiver und »waltet in einem dunkleren und geheimnisvolleren Bereich« als die Achtung,[64] die wir ohnehin nur vor (sittlichen) Personen empfinden, nicht aber vor dem Fuji, dem heiligen, schneebedeckten Berg der Japaner, der 3776 Meter über dem Meeresspiegel aufragt. Ehrfurcht, die uns vielfach zum Schweigen bringt, ist auch emotional intensiver als Bewunderung, obschon auch diese den Menschen motivieren und aufbauen kann.[65] Wie in der Ehrfurcht, so öffnet sich der Mensch auch im Staunen etwas Größerem und Stärkerem, aber nicht alles, was Staunen erregt, versetzt auch in Ehrfurcht.

Ehrfurcht, so können wir resümierend sagen, ist ein facettenreiches Phänomen, das sich einer abschließenden Definition entzieht. In diesem Buch wird sie als Emotion begriffen, die in archaischen Seelenschichten wurzelt und immer dann zur Erscheinung kommt, wenn der Mensch, ergriffen und staunend, etwas Größerem

[64] Bollnow (Anm. 33), 38.

[65] Appiah-Adjei, D. (2011): Admiring others promote positive growth. In: http://www.ghanaweb.com/GhanaHomePage/features/Admiring-Others-Promote-Positive-Growth-202130

gegenübersteht, das er fürchtet und zugleich doch nicht fürchtet, das er weder aus dem Wege schaffen kann (beispielsweise einen gewaltigen Vulkan) noch will, sondern im Gegenteil: Er will es hegen und pflegen – wie etwa frisch ausgeschlüpfte Küken. Aus einem solchen Erleben können dann Impulse hervorgehen, diesem Größeren, Tieferen und Wunderbaren gerechter zu werden, im Wahrnehmen wie im Verhalten, aus denen dann wiederum, und bestenfalls, eine Haltung der Ehrfurcht entstehen kann, die es zu kultivieren gilt.

ZWEITES KAPITEL

Wovor empfinden Menschen Ehrfurcht?

Ist die Überschrift nicht verfehlt? Empfinden Menschen im jungen 21. Jahrhundert überhaupt noch Ehrfurcht, ein Wort, das völlig »unzeitgemäß« sei?[66] Die Klage über die angeblich geschwundene Ehrfurcht wurde auch schon in früheren Jahrhunderten angestimmt, ja bereits in der Antike (Kapitel 2.1). Dennoch wird sich zeigen: Auch heute noch verbinden Menschen, wenn sie nach »Ehrfurcht« gefragt werden, starke Erlebnisse mit diesem Begriff, etwa das tiefe, staunende Verstummen auf einem Berggipfel oder vor einem Neugeborenen, das die blutbeschmierten Händchen wimmernd von sich streckt (Kapitel 2.2). Berichtet wird sodann von den Ergebnissen einer Befragung von 500 Personen, die einschätzten, wie oft sie Ehrfurcht haben, wovor, und was sie von diesem Phänomen halten (Kapitel 2.3).

[66] Marschütz (Anm. 15), 15.

»Früher war alles anders. Man hatte noch Ehrfurcht vor den Toten und benahm sich entsprechend«, zog den Hut, wenn ein Leichenwagen vorüberfuhr, und senkte das Haupt. Heute bleibe niemand mehr stehen, die Zeit habe sich zum Negativen gewandelt, heißt es in einer deutschen online-Zeitung vom 30. September 2011.[67] Und in der »ZEIT« konnte man lesen: »Was war doch ein ordentlicher Professor einmal für eine Ehrfurcht gebietende Figur!«[68] Ehrfurcht sei aber auch gegenüber anderen Respektspersonen geschwunden, etwa LehrerInnen. Noch vor wenigen Jahrzehnten war es undenkbar, dass Eltern von angeblich ungerecht benoteten Kindern die Zensuren anfechten – heute verdienen viele Juristen damit gutes Geld. Abhandengekommen sei auch Ehrfurcht vor der Natur. Systematisch werde sie nach den letzten Rohstoffen durchforscht und ausgeplündert. Von daher versteht sich, dass Ehrfurcht in ökologisch engagierten Gruppen an Renommee gewonnen hat, beispielhaft in der Erd-Charta, die von den Vereinten Nationen unterstützt wird und die Vision ver-

[67] http://www.onlinezeitung24.de/article/4407
[68] http://www.zeit.de/2011/30/C-Mythos-Professor

kündet, dass »eine neue Ehrfurcht vor dem Leben erstarke«.[69]

Laut beklagt wird der Verlust von Ehrfurcht in kirchlichen Kreisen, zumal konservativen. Symptomatisch ist die Ablehnung der Handkommunion, die nach dem Zweiten Vatikanum in europäischen und amerikanischen Teilkirchen zugelassen wurde, sofern die Hände sauber genug seien und dem Leib des Herrn »gebührende Ehrfurcht« erwiesen werde.[70] Viele konservative Katholiken sahen darin blasphemische Ehrfurchtslosigkeit und warteten mit »Offenbarungen« von Christus auf: »Mit der Handkommunion habt ihr mich entehrt.« Und Maria weine, »weil ich die Entweihung des Leibes meines Sohnes beobachte«. Bemüht werden auch Schauergeschichten von Priestern, die die Handkommunion zuließen und nun im Fegefeuer entsetzlich leiden. Die Handkommunion sei noch frevelhafter als die Abtreibung, weil bei jener, wenn ein Partikel herabfällt, »Jesus Christus, unser Herr, ermordet wird«.

[69] Die Erd-Charta, hg. von der Ökumenischen Initiative Eine Welt e. V. und dem Bund für Umwelt und Naturschutz Deutschland, Berlin 2000.

[70] Zum Folgenden: http://kath-zdw.ch/maria/kommunionhelfer.html

Aber auch in früheren Jahrhunderten wurde behauptet, früher habe mehr Ehrfurcht bestanden. Heinrich von Treitschke (1834–1896), ein deutscher Historiker, klagte: »Erschreckend schnell schwindet dem neuen Geschlechte das, was Goethe den letzten Zweck aller sittlichen Bildung nannte, die Ehrfurcht.«[71] 1867 veröffentlichte der französische Bischof Dupanloup sein Buch »Die Erziehung«, die primär »Ehrfurcht« anzuzielen habe. Er zitierte Royard-Collard, einen Abgeordneten im Parlament: »Die Ehrfurcht ist erloschen, sagt man; nichts betrübt mich mehr, nichts macht mich trauriger; denn ich schätze nichts höher als die Ehrfurcht.«[72]

Über die verlorene Ehrfurcht wurde bereits an der Wiege des Abendlandes geklagt. Um 700 v. Chr. schrieb Hesiod, neben Homer der bedeutendste griechische Dichter, in seinem Lehrgedicht »Werke und Tage« den Mythos von den fünf Weltzeitaltern auf. Das erste war golden: Die Menschen lebten glücklich, ließen es sich wohlergehen bei nicht endenden Gelagen, ohne Krankheit und den Schweiß der Plackerei, bevor sie in sanftem Schlummer zu den Göttern entrückt wurden. Anders die Menschen im silbernen Zeitalter: Lange hilflos

[71] http://www.aphorismen.de/suche?f_thema=Ehrfurcht
[72] Dupanloup (Anm. 1), 514.

Kind, dann ein kurzes Leben mit Mühsal, Plagen und Krankheiten, weil sie »die Ehrfurcht vorenthielten den Göttern, den seligen, auf dem Olympos«.[73] Noch verwerflicher und pietätloser waren die Menschen im dritten, erzenen Zeitalter. Auch die Heroen, die im vierten Weltalter lebten, verschwanden von der Erde. Am ärgsten sei es jedoch im eisernen Jetzt, das sich an Bosheit nicht mehr überbieten lasse.

Worauf ist zurückzuführen, dass im Laufe der Geschichte immer weniger Menschen immer seltener Ehrfurcht verspüren würden? Darüber dachte, kenntnisreich und keineswegs kulturpessimistisch, der Philosoph und Theologe Romano Guardini nach. Unsere Vorfahren hätten die sie umgebende Natur anders erlebt: Die Bäume waren ihnen heilig, in den Quellen wirkten Nymphen, auf den Berggipfeln wohnten Götter. Bis in die beginnende Neuzeit scheuten sich die Menschen, auf hohe Berge zu steigen, weil diese als numinos wahrgenommen wurden, bedrohlich, unheimlich. Eine Zäsur in der europäischen Geschichte war die Erstbesteigung des Mont Ventoux, eines 1912 Meter hohen Westalpengipfels in der Provence, durch den italienischen Humanisten Petrarca. Im Jahre 1336 galt dies noch als ver-

[73] Hesiod, Werke und Tage, Vers 139.

wegen und pietätlos. Petrarca schildert, wie er, bis zum Mittelmeer und Montblanc blickend, von tiefster Ehrfurcht fast betäubt wurde und ihm ein Satz aus den Bekenntnissen des Augustinus einfiel: »Und es gehen die Menschen hin, zu bestaunen die Höhen der Berge, die ungeheuren Fluten des Meeres, die breit dahinfließenden Ströme, die Weite des Ozeans und die Bahne der Gestirne und vergessen darüber sich selbst.«[74] Dabei sei seine Seele ins Unendliche gewachsen.

Petrarca stand der Natur staunend und ehrfürchtig gegenüber. Aber in den folgenden Jahrhunderten ereignete sich, was Max Weber die »Entzauberung der Welt« nannte.[75] Diese geriet unter die Verfügungsgewalt des Menschen. Der Philosoph René Descartes war der Auffassung, die Natur sei wie eine große Maschine, die systematisch analysiert und zerlegt werden könne, und ebenso auch der menschliche Leib. Kein Zufall, dass sich zu derselben Zeit die Einstellung Leichnamen gegenüber fundamental veränderte. In antiken Kulturen galten sie als unantastbar und mussten alsbald verbrannt werden, und die Knochen unverzüglich mit Erde überdeckt. Anders hingegen Andreas Vesalius (1514–1564),

[74] Augustinus, A.: Bekenntnisse, Zürich: Artemis 1950, 256.
[75] Weber, M.: Wissenschaft als Beruf, Berlin: Duncker & Humblot ^{11}2011, 17.

der in der Kirche San Salvador in Bologna damit begann, Leichname von Gehängten zu sezieren und somit die moderne Anatomie begründete. Diese führte zu vielen lebensrettenden Erkenntnissen, ebnete aber auch den Weg dafür, im Menschen – für Goethe das Ehrfurchtgebietende schlechthin – eine bloße Maschine zu sehen, was der Philosoph und Materialist La Mettrie (1709–1751) dann auch tat. Entzaubert wurde nicht nur der Mensch, sondern auch die Natur. Ein Gewitter wurde nicht mehr als Zornesausbruch gefürchteter Götter betrachtet, sondern als elektrostatische Entladungen. Es gebe »prinzipiell keine geheimnisvollen und unberechenbaren Mächte« mehr, der Mensch müsse »nicht mehr zu magischen Mitteln greifen, um die Geister zu beherrschen ... Sondern technische Mittel und Berechnungen leisten das.«[76] Dieser abendländische Rationalismus ermöglichte Fortschritt, aber er habe – so der Dichter Friedrich Schiller im Gedicht »Die Götter Griechenlands« – zugleich das Göttliche aus der Welt vertrieben:

»Schöne Welt, wo bist du? – Kehre wieder,
holdes Blütenalter der Natur!
Ach! Nur in dem Feenland der Lieder

[76] Weber (Anm. 75), 17.

Lebt noch deine goldne Spur.
Ausgestorben trauert das Gefilde,
keine Gottheit zeigt sich meinem Blick.
Ach! Von jenem lebenswarmem Bilde
Blieb nur das Gerippe mir zurück.«

Aber lassen Fortschritte in der Wissenschaft Ehrfurcht unweigerlich schwinden? Enthäuten sie – mit Schiller gesprochen – die einst göttliche Natur zu einem Gerippe? Und hemmte die früher angeblich stärkere Ehrfurcht den Fortschritt? Der Philosoph Max Scheler sieht es umgekehrt. Frühere Wissenschaftler seien teils sehr ehrfürchtig, so etwa Sir Isaac Newton, der Entdecker der Gravitationsgesetze. Nachdem er die Mechanik des Himmels durchschaut habe, fühlte er sich »wie ein Kind, das am Meeresstrand mit Muscheln spielt«. Er sah »in jeder Linie seines absoluten Raumes eine Blicklinie des alldurchdringenden Auges Gottes«.[77] Auch Einstein, der die Relativität der Zeit entdeckte, war tief ehrfürchtig.

Dass früher mehr Ehrfurcht verspürt worden sei, könnte auch eine bloße Projektion sein, ähnlich wie die Klage, früher sei es um die nachrückende Generation

[77] Scheler, M.: Die Ehrfurcht. In: Gesammelte Werke 3: Vom Umsturz der Werte, Bern: Francke Verlag 1955, 26–31, hier 30.

besser bestellt gewesen. »Die heutige Jugend denkt nur ans Vergnügen, glaubt nicht an die Götter, will nicht arbeiten«, wurde – vor fünftausend Jahren – auf eine sumerische Keilschrifttafel geritzt. Aber: Wie ist es wirklich? Empfinden Menschen heute noch Ehrfurcht?

2.2 Wie Menschen Ehrfurcht erleben, auch heute

»Dürfen wir Sie bitten, stichwortartig Ihre spontanen Gedanken aufzuschreiben, wenn Sie das Wort ›Ehrfurcht‹ hören?« So beginnt ein Fragebogen, der zwischen 2012 und 2013 von 500 Personen ausgefüllt wurde, und dies von mehr Frauen (80 Prozent) als Männern, die für solche Studien generell schwerer zu begeistern sind. Die Antwortenden waren durchschnittlich 38 Jahre alt, die jüngste 18, die älteste 83. Mehrheitlich gehören sie der katholischen Kirche an (66 Prozent), die zweitstärkste Gruppe sind Konfessionsfreie (18 Prozent), 13 Prozent evangelisch, und die restlichen drei Prozent teils muslimisch, teils freikirchlich. Knapp ein Drittel lebt als Single (29 Prozent), die meisten gaben »in fester Partnerschaft« an (40 Prozent), 31 Prozent »verheiratet«.

Die spontanen Gedanken zu Ehrfurcht unterscheiden sich enorm. Teils löste das Wort Irritation aus: »Ehre und Furcht? Wie passt das zusammen?«, fragte eine 40-Jährige und schlug als Ersatz »Begeisterung und Staunen« vor, weil »Ehrfurcht veraltet« sei. Ein 55-Jähriger kritisierte den Begriff als »untauglich, weil Ehre und Furcht und Achtung und Angst sich ausschließen. Eine begriffliche Schizophrenie«, charakteristisch für ein tyrannisches Gottesbild und das »Spiegelbild vordemokratischer und patriarchaler Gesellschaften«. Wie ersichtlich geworden, wurde das Phänomen auch massiv abgelehnt: »Das Wort hat etwas Unterwürfiges und erinnert mich an Hierarchie« (weiblich, 20), oder: »Einschüchterung, katholische Kirche, alt, nicht mehr zeitgemäß« (w, 28), oder: »Veralteter Begriff, im Zusammenhang mit ›angsteinflößenden‹ Autoritäten: Gott, Religion, erziehende Personen« (w, 51).

Aber: Ehrfurcht wurde – weit häufiger – gelobt, oft in hohen Tönen. Für eine 56-Jährige ist sie »ein erhabenes Gefühl, vor Größe, hat Tiefe, ist Erstaunen und Ergriffenheit«. Eine 31-Jährige beschrieb sie als »schwer, dunkel, kraftvoll«. Und eine Pensionärin als »sehr tiefes, positives Gefühl, ähnlich der Hochachtung. Es ist eine

Ehre, diesem Geschehen beiwohnen zu dürfen.« Eine 55-Jährige ist in Ehrfurcht jeweils »tief berührt und zutiefst beeindruckt. Ich spüre etwas Erhabenes, das ich mit dem Verstand nicht erfassen kann.« Und ein 35-Jähriger hält sie für »wichtig, ein tiefes Empfinden, sehr individuell, atemberaubend«. Ehrfurcht bedeutet für einen 50-Jährigen: »Ich stehe etwas Großem, Wunderbarem, Unglaublichem gegenüber.«

Vereinzelt differenzierten die Befragten zwei Varianten von Ehrfurcht, eine negative und positive. Eine 30-Jährige würdigt »Ehrfurcht 1« als »überwältigend und total inspirierend, häufig in der Natur«, während »Ehrfurcht 2« unpassend sei und Kindern vor höheren Personen gelehrt werde, die oft »ziemliche Ärsche« seien. Für einen 33-Jährigen hat Ehrfurcht »zwei Facetten«, zum einen »Angst, Strafe«, aber auch »Mystik, Kraft, Größe, Stärke«.

Ehrfurcht wurde in Kapitel 1 als Emotion bezeichnet. Auch zahlreiche Befragte schilderten intensives emotionales Erleben, so eine 32-Jährige ein »regelrechtes Gänsehautfeeling, zum Niederknien«. Und für einen 43-Jährigen beinhaltet »Ehrfurcht Staunen und Erschauern«, was an Goethe denken lässt, der in der Finsteren Galerie von Faust II, wo die Urmütter wirken, den Helden sprechen lässt: »Das Schaudern ist der Menschheit bestes Teil; wie auch die Welt ihm das Gefühl verteure, ergriffen, fühlt er tief das Ungeheure.«[78] Als »besonderes Bauchkribbeln, vielleicht auch ein Stück verbunden mit Angst«, schilderte eine 20-jährige Studentin die Ehrfurcht, und eine um zehn Jahre ältere Erzieherin als »Ergriffenheit, höherer Puls, aufregend«.

Spontan assoziiert wurde auch, *wovor* Ehrfurcht empfunden wird. Oft vor Phänomenen der Natur, was eine 50-Jährige geradezu poetisch beschrieb: »Erlebnisse in der Natur wie Sonnenauf- oder -untergänge in den Bergen, das Gluckern eines Bächleins, Erklimmen eines Gipfels, seltene Tiere oder Pflanzen entdecken.« Aber auch »vor jedem Menschen, vor jedem Lebewesen, vor der Schönheit der Welt« (m, 63). Jede/r Neunte nannte ausdrücklich Gott, so auch eine Pensionärin: »Ehrfurcht vor Gott, Ehrfurcht vor den Menschen, Ehrfurcht vor allem Geschaffenen, Ehrfurcht ist unteilbar.« Jede/r Zehnte würdigte, was Albert Schweitzer erfreut hätte, ausdrücklich »Ehrfurcht vor dem Leben«.

Geschildert wurden auch biographische Erinnerungen an Ehrfurcht, teils negative: »Erinnert mich an meine Kindheit, wie man gewissen Personen ehrfürch-

[78] Goethe, J. W.: Sämtliche Werke, Band 5: Die Faustdichtungen, Zürich: Artemis 1977, 340, Vers 6272.

tig gegenübertreten musste, den Kopf senkend« (w, 38), aber auch positive, so eine 55-jährige Erzieherin: »Ehrfurcht: Als Kind vor Erwachsenen, als Erwachsene vor Jugendlichen und älteren ehrwürdigen Menschen, die einfach Liebe, Freude ausstrahlen: meine Mutter, meine Schwiegermutter«.

Genannt wurden auch *Konsequenzen* von Ehrfurcht. Eine 30-Jährige: »Ich betrachte die Landschaft mit Ehrfurcht, das bedeutet für mich tiefen Respekt vor der Natur, und dass sie geschützt werden soll. Und wenn ich Respekt vor einer Person habe, bedeutet das, ihre Fähigkeiten sind nachahmungswürdig.« Ehrfurcht bewegt eine 57-Jährige, »still zu werden, still zu sein, staunend innezuhalten« – auch Bollnow beschrieb als eine ihrer Folgen das »verstummende Schweigen«.[79] Aus Ehrfurcht resultiert auch, »sich der eigenen geringen Bedeutung bewusst zu werden angesichts der übergroßen anderen Welt«, was in der Sicht einer Pensionärin den Menschen gerade nicht erniedrigt, sondern seine »seelische Größe« ausmacht.

Männer und Frauen, denen der Begriff »Ehrfurcht« nicht ganz zusagte, schlugen Alternativen vor. Am häufigsten »Respekt«. Für eine 24-Jährige ist »Ehrfurcht

[79] Bollnow (Anm. 33), 46.

etwas negativ behaftet«, angemessener sei »Respekt aufgrund etwas Beeindruckendem, was das Gegenüber hat«. Die zweithäufigste Alternative ist »Bewunderung«, so für eine 21-Jährige, die »Ehrfurcht« negativ mit »Kirche« assoziierte, positiv hingegen mit »Bewunderung und andächtigem Staunen«. Auch »Demut« wurde vorgeschlagen: »Fürchten ist für mich negativ besetzt, und Ehre macht Druck, setzt die Person herab. Ich habe Zugang zum Wort Demut« (m, 55). Ähnlich eine Gleichaltrige: Ehrfurcht löse »negative Gefühle« aus. »Ich bevorzuge den Begriff Demut, aber denke, Ehrfurcht und Demut sind verwandt.« Allerdings wurde Demut auch kritisiert, wenn sich Erinnerungen an unterwürfiges Knien und Ähnliches einstellten.

Alles in allem: Ehrfurcht lebt. Männer und Frauen äußern sich differenziert zu ihr, teils ablehnend, weit häufiger aber zustimmend. Sie schildern entsprechendes emotionales Erleben (auch Gänsehaut), benennen Auswirkungen auf ihr Leben und wovor sie diese empfinden. Noch anschaulicher sind die Texte, die auf die Bitte hin entstanden, eine oder mehrere Episoden zu beschreiben, in denen sie tief verspürt worden war. Die Erlebnisse variieren enorm: »Beim Besteigen eines Berges, wo es rechts und links steil bergab geht, und wenn man schließlich oben auf dem Gipfel steht«, so eine 35-Jäh-

rige. Und ein Mann in den Fünfzigern: »Der Blick in den Himmel, das Leuchten der Milchstraße mit Millionen Sternen, im August der Sternschnuppenregen, Ergriffensein von der Größe des Weltalls. Ja, die Ehrfurcht, dass auch ich ein Teil dieses Universums sein darf, diese Unendlichkeit und Göttlichkeit und das Wunder, diesen Augenblick bewusst erleben zu dürfen.« Anders eine Lehrerin um die 40: »Ehrfurcht: Ich sehe auf der Straße eine Mutter, die ein behindertes Kind im Rollstuhl vor sich herschiebt.« Die Erlebnisse, teils sehr berührend, wurden verschiedenen Kategorien zugeordnet:
Ehrfurcht

- in und vor der Natur,
- vor dem Leben (speziell an dessen Grenzen),
- vor außerordentlichen Persönlichkeiten (auch im Alltag),
- vor beeindruckenden (Kunst-)Werken,
- in der Religion.

Ehrfurcht in und vor der Natur

Ein 55-Jähriger beschrieb die Ehrfurcht, die er bei traumhaftem Wetter empfindet, wenn der schweißtreibende Aufstieg auf den Gipfel geschafft ist: »Staunend die Schönheit wahrnehmen und begreifen, dass ich nur ein winziges Pünktchen bin unter diesem weiten Himmel.« Ehrfurcht in der Natur wird zum einen von ihrer *Weite* ausgelöst. Eine 33-Jährige erlebt Ehrfurcht, »wenn ich Weite wahrnehme, z.B. auf einem Berg«. Und ein Gleichaltriger: »Einmal beim Bergwandern, plötzlich ein ganz eigener Zustand, auf alles Darunterliegende, Winzige blickend: Da war eine tiefe Emotion spürbar.« Eine solche kann auch in endlos sich ausdehnenden Wüsten erlebt werden: »Ehrfurcht, als ich das erste Mal in der Sahara war, auf den weißen Sanddünen bis zum Horizont, fern von jeglicher Zivilisation« (w, 30). Zum anderen ist auch die Größe der Natur ehrfurchtgebietend: »Bei einem Bootsausflug in Thailand: Gigantische Felsen, mit Dschungelpflanzen überwuchert« (w, 25). Oder: »In die Berge schauen, die gewaltigen Felsformationen betrachten.« Oder: »Als ich vor den Niagara-Fällen stand, die Wassermassen stürzen sah: Gänsehaut« (m, 20).

Ehrfurcht rufen auch die in der Natur wirkenden Gewalten hervor, so auf dem Meer: »Überstellungstörn: Es kam ein Sturm auf, einige Besatzungsmitglieder bangten um ihr Leben. Habe große Ehrfurcht vor dem Wetter«, berichtete ein Freizeitsegler. Winzig kann sich der Mensch vor entfesselten Wassermassen vorkommen:

»Ehrfurcht vor dem Tsunami in Japan, starken Naturgewalten, denen die Menschen ausgeliefert sind« (w, 21). »Vor drei Jahren, als ein Hochwasser unsere Wohnung umspülte und wir völlig hilflos im Wohnblock waren. Ehrfurcht vor der Naturgewalt Wasser« (w, 30). Oder wenn sich ein Gewitter zusammenballt, Blitze zucken, Donner rollt, Böen peitschen: »Ehrfurcht, als 20 cm Hagelkörner auf unserer Terrasse lagen« (w, 47). »Ich empfinde« – bekannte eine 30-Jährige – »Ehrfurcht immer dann, wenn die Natur zurückschlägt. Die vielen Lawinenabgänge, Überflutungen, Stürme.« Solche Ehrfurcht lasse erkennen, »wie vergänglich, unbedeutend, klein ich bin. Ich fühle mich dann sogar besser. Ich mag Ehrfurcht. Sie befreit einen kurzfristig von Arroganz« (w, 24).

Ehrfürchtig stimmen auch kleine, unscheinbare Dinge in der Natur. Eine 32-jährige Mathematikerin: »Ehrfurcht: Beim Aufspringen der Knospe im Frühling, beim Beobachten verschiedener Schneekristalle und beim Nachsinnen, dass ein Atom circa 10^{-14} ist.« Freilich, auch im Aufspringen von Knospen wirkt eine Kraft. Wer könnte sie aufhalten? Ebenso in Schnee- und Eiskristallen, die stählerne Schiffsrümpfe zerquetschen können. Im Gesamt der Natur winzig ist ein kaum flügger Vogel. Eine 50-Jährige fand einen solchen »bei mir in der Wiese, sichtbar erschöpft, ich habe ihn über einen halben Tag mit Pipette und Haferschleim gefüttert und war zutiefst mit diesem Lebewesen verbunden. Am Abend flatterte er davon, ich empfand tiefstes Einssein und Ehrfurcht!«

Als ehrfurchteinflößend wird auch die *Schönheit* der Natur erlebt. »Wenn ich am Gipfel eines Berges stehe, verspüre ich Ehrfurcht vor der Natur und ihrer Schönheit, ihren Tieren und auch Menschen« (w, 43). »Ehrfurcht: Wenn ich eine schöne Szenerie in der Natur betrachte, Sonnenuntergang am Meer, so herrliche goldene Farben«, so eine Maturandin. Auch wenn die Menschheit enorme Fortschritte erzielte, die Natur zu durchschauen, sie zu zähmen und zu beherrschen – auch im beginnenden 21. Jahrhundert blieb und bleibt diese stärker und gebietet Ehrfurcht.

Ehrfurcht vor dem Leben, speziell an dessen Grenzen

Die Wahrscheinlichkeit, dass sich im Archaikum, vor gut drei Milliarden Jahren, die erste zur Teilung fähige Zelle – Urbaustein allen Lebens – entwickelte, sei es in der Ursuppe oder in den Tiefen des Ozeans, verglich der britische Astronom Fred Hoyle mit folgendem Szenario:[80] Eine gewaltige Abfallhalde, umherliegendes Blech, Eisen, elektrische Drähte, Kunststoff. Darüber fegt ein Wirbelwind, und da steht plötzlich eine flugfähige Boeing 747. Nur zu verständlich, dass das Leben selbst – unendlich viel länger bestehend als wir, stärker, umfassender – Gegenstand von Ehrfurcht ist – und schon lange war. So beim Inder Parshva (um 800 v. Chr.), einem Vorläufer des Jainismus, dessen Hauptgebot »Ahimsa« lautet: Kein Leben, weil es heilig ist, verletzen, auch nicht Mücken, die eingeatmet werden könnten. Weshalb fromme Jainisten vor Mund und Nase Tücher tragen.

Ehrfurcht flößen vor allem die *Grenzen* des Lebens ein. Prägnant schildert eine 31-Jährige: »Ehrfurcht: Beim Tod der Großmutter: Endlichkeit des Lebens. Geburt des viel jüngeren Bruders: Beginn des Lebens.« Eine 49-jährige Mutter bekannte: »Ich stehe vor meinen Kindern und habe tiefe Ehrfurcht, wenn ich bedenke, dass aus einer Ei- und einer Samenzelle so etwas Wunderbares – ein Mensch mit eigenständigen Gedanken und Gefühlen – entstanden ist.« Und eine 34-Jährige habe, nach der Entbindung, immer wieder die winzigen Fin-

[80] Hoyle, F.: Das intelligente Universum – eine neue Sicht von Entstehung und Evolution, Frankfurt/M.: Umschau-Verlag 1984.

ger und Zehen betrachtet, was ihr »wie ein Wunder« erschien, sodass sie aus ehrfürchtigem Staunen nicht herauskam. Wer einen Säugling so wahrnimmt, wird alles in seine Pflege geben. Eine Maturandin erzählte, wie sie ihr Patenkind, gerade vier Stunden alt, betrachtete und betrachtete: »So winzige Hände und Füße. Die Ehrfurcht, das Staunen vor dem Wunder des Lebens, aber auch die bange Frage, wie seine Zukunft ausschauen wird« – eine bewegende Schilderung eigentümlicher Mischung aus Staunen und Angst.

Auch das Ende des Lebens löst tiefe Emotionen aus. Ehrfurcht empfand eine 32-Jährige, »als ich das letzte Mal in die Augen meines Vaters schauen konnte.« Ich kann dies lebendigst nachempfinden, kniete ich doch als 18-Jähriger am Bett, in dem der Opa röchelte, seine Stirne kühlend, die welken Hände streichelnd. Plötzlich öffnete er die Augen, die hellblau leuchteten, weit. Nach wenigen Sekunden, die unendlich schienen, schlossen sie sich für immer – es war stiller als still. Eine 55-Jährige erlebte, als sie den Tod ihrer Mutter festgestellt hatte, »tiefe Ehrfurcht«, stärker als Trauer. Auch Leichname, über Jahrhunderte hinweg streng tabuisiert, können solche Empfindungen auslösen. Ein jetzt 55-jähriger Inspektor schilderte den »absoluten Respekt vor meiner ersten Leiche in einer kurzzeitigen Tätigkeit als Krankenpflegerhelfer, die ich zuvor noch nach einem Schlaganfall vom Erbrochenen befreien durfte. Am nächsten Morgen war es mein Job, den toten Körper für den Kühlraum zu präparieren. Mit 19 Jahren wohl der größte Moment, wo die Zerbrechlichkeit menschlichen Lebens mir den Respekt vor dem Leben steigerte, dass es mir fast den Atem geraubt hat.«

Ein unbestrittener Ort der Pietät – das lateinische »pietas« wird als »Ehrfurcht« übersetzt – ist der Friedhof. Freilich, nicht immer pflegten auf diesem die Menschen die Köpfe zu senken und leise zu schreiten. Im Mittelalter war der Friedhof die »belebteste, turbulenteste und geschäftigste Gegend« der Dörfer und Städte.[81] Anders für zahlreiche Befragte. Eine Studentin schilderte »tiefe Ehrfurcht, als ich in Prag auf dem alten und neuen jüdischen Friedhof war. In einer Gedenkhalle waren alle Namen der jüdischen Familien, die geflohen sind oder ermordet wurden, aufgelistet.« Ein jetzt 50-Jähriger empfand »tiefe Ehrfurcht vor dem offenen Grab meiner Großmutter«. Ein Maturand verband »Ehrfurcht« mit dem Begräbnis der gemeinsam verunglückten Großeltern, bei dem Musik gespielt wurde, die kalt über den Rücken lief und Tränen aus den Augen presste.

[81] Ariès, P.: Geschichte des Todes, München: Hanser 1980, 86.

Dass wir hier sein dürfen, verdanken wir unzähligen Generationen, die vor uns zeugten, lachten, weinten, arbeiteten, starben, die meisten – im Vergleich zu unserer Lebenserwartung – in jugendlichem Alter. Hätte nur eine Generation die Weitergabe des Lebens nicht geschafft, wären wir nicht da. Diese evolutionäre Kette des Lebens erfüllte auch einen Befragten mit tiefer Ehrfurcht, der, weil Atheist, mit diesem Begriff nicht viel anfangen könne. Und eine Gesprächspartnerin des Awe-Forschers Paul Pearsall sagte: »Ich möchte allen meinen Vorfahren und Ahnen den tiefsten Dank sagen. Ich wünsche mir, ich könnte sie umarmen und ihnen sagen, wie sehr ich wertschätze, was sie alles für mich getan haben.«

Die Postmoderne: Ohne Ehrfurcht vor dem Leben? Gemäß so vielen authentischen Zeugnissen kaum! In der quantitativen Studie wird sich »Ehrfurcht vor dem Leben« als die stärkste herausstellen. Freilich: Ein flüchtiger Blick in die Nachrichten zeigt: Ehrfurcht vor dem Leben, das vielerorts vergiftet, verstümmelt und vernichtet wird, ist steigerungsfähig.

Ehrfurcht vor außerordentlichen Persönlichkeiten

Traditionelle Pädagogik verlangte Ehrfurcht vor der Obrigkeit, der kirchlichen wie der weltlichen, vor der man sich zu verbeugen und der man zu gehorchen hatte. Prominenente Persönlichkeiten wurde von den Befragten nur höchst selten aufgrund ihrer Macht als ehrfurchtgebietend erwähnt, außer die britische Queen von einer 22-Jährigen, vor der sie gestanden sei. Wenn bekannte Persönlichkeiten gewürdigt wurden, dann aufgrund ihrer moralischen Exzellenz und ihres Muts. »Ehrfurcht: Bei Filmen und Geschichten über Menschen, die Zivilcourage bewiesen: Schindlers Liste, da lief es mir kalt über den Rücken« (w, 40). Selbiges galt auch für einen gleichaltrigen Lehrer: »Wenn ich bekannte Menschenrechtsaktivisten sehe, Helfer in der Not, Mutter Teresa, Ärzte ohne Grenzen.« Solche Vorbilder können anspornen, ihnen ähnlich zu werden, was eine Funktion der reflektierten Ehrfurcht ist: »Vor Schindler, Sophie Scholl und anderen verspüre ich Ehrfurcht. Weil ich gern so mutig und so sozial wie diese Menschen wäre« (w, 27).

Auch Personen des Alltags, die nie in die Medien kommen, können Ehrfurcht wecken, speziell wenn sie aufopfernd handeln. Eine 57-Jährige erinnert sich in Ehrfurcht an ihren Vater, »der meine Mutter (die an

Hemiplegie litt) 32 Jahre betreut, gepflegt und die Familie organisiert und geführt und seine Lebensfreude nicht verloren hat«. Und eine gleichaltrige Lehrerin an ihre Schwiegermutter: »Sie hat zehn Kinder in einer 70 Quadratmeter Wohnung großgezogen und ist nebenbei noch arbeiten gegangen, da sie Geld für Lebensmittel brauchte – ich verspüre heute noch tiefe Ehrfurcht vor ihr.« Nur zu solchen Menschen könne man ehrfurchtsvoll aufschauen, die ethisch hochstehend und für andere da sind, sagte eine 45-jährige Pädagogin.

Das Spektrum ehrfurchtgebietender Persönlichkeiten variiert mit dem Alter. Inbegriff einer Gestalt, die in der Kindheit Ehrfurcht einflößt, ist der Nikolaus, den mehrere Befragte nannten. »Als Kind vor dem Nikolaus. Ich stand wie erstarrt.« Man muss es erlebt haben, wie sich Kinderaugen weiten und einige die Hand vor den Mund halten, wenn er in die Stube tritt. Viele zögern, vor ihn hinzutreten, um seinen Stab zu halten, während er aus dem goldenen Buch vorliest, oder die Säcklein mit Nüssen und Mandarinen entgegenzunehmen. Eindrücklich beschreibt Pearsall Kinder, die er als »Santaisten« charakterisiert, tief an den Nikolaus glaubend und voller Neugierde auf seine magische Welt.[82]

[82] Pearsall (Anm. 12), 40f.

Gelegentlich wurden auch die Eltern genannt: »Ehrfurcht vor meinen Eltern: Habe in meinem ganzen Leben keine Ohrfeige bekommen. … Als Kind kam ich nie pünktlich nach Hause, mein Vater musste mich oft holen. Ich spüre noch heute seine warme, große Hand«, so ein 63-jähriger Pensionär. Noch häufiger beeindruckende Lehrer: »Ehrfurcht: Als Kind vor einem Lehrer, den ich sehr schätzte, weil er sehr kompetent war, aber auch fürchtete, weil er streng war«, so eine 29-jährige Volksschullehrerin, die sich an der Pädagogischen Hochschule immatrikuliert hatte, um später ebenso gut zu unterrichten wie er. Eine junge Erwachsene empfindet »Ehrfurcht vor Professoren, weil die meist so viel studiert haben, so klug sind und so viel geschafft haben (das möchte ich auch gern!).«

Als ehrfurchtgebietend gewürdigt wurden auch Personen, die schwere Schicksalsschläge einstecken mussten und daran nicht zerbrochen sind. Eine 19-Jährige verspürte oft »Ehrfurcht vor einer Frau, die an Krebs leidet und deren Heilung kaum möglich ist. Durch ihre Einstellung zum Leben empfand ich große Ehrfurcht.« Und eine Gleichaltrige sagte: »Ehrfurcht vor meiner Schwester, wie sie ihr Leben meistert, obschon ihr ein Bein amputiert werden musste.«

Zahlreiche Mächtige und Prominente inszenierten

sich als ehrfurchtgebietende Gestalten, so etwa der Diktator Kim Jong-il in Nordkorea, der sich gern in einem überlebensgroßen Konterfei präsentieren ließ, oder der Popstar Michael Jackson, der sich als Himmelsgestalt auf gewaltige Bühnen abseilen ließ, umgeben von mystischem Nebel und Licht. Aber nicht solche Gestalten gebieten Ehrfurcht, sondern vielmehr jene, die, auch im Alltag, moralisch exzellent handeln.

Ehrfurcht vor (Kunst-)Werken

Der Anblick, aus dem zehnten Lebensjahr, bleibt unvergesslich: Zu Füßen der Staumauer Grande Dixence, 285 Meter hoch, oben 700 Meter lang, das Werk Tausender Arbeiter über elf Jahre, einen See von 28 Kilometer Länge stauend, gigantische Wassermassen. Unvorstellbar, was geschähe, wenn die Mauer bräche. Auch zahlreiche Befragte schilderten Ehrfurcht, die sie vor großartigen menschlichen Leistungen empfanden: »Vor einem großen Gebäude stehen und dann hineingehen: Kathedrale, Schloss. Große Statuen, zum Beispiel David« (w, 33). Eine 25-Jährige besuchte die Anden: »Ehrfurcht, als ich in Peru war und bei Sonnenaufgang Machu Picchu gesehen habe. Unglaublich, wie die Menschen diese Stadt bauen konnten, und außerdem hatten dieser Moment und dieser Ort etwas sehr Spirituelles.«

Vor allem sakrale Bauten können in Ehrfurcht versetzen. Einer 45-Jährigen widerfuhr dies im Dom von Florenz, wo sie plötzlich ihre verstorbene Mutter spürte, als wäre sie da. Eine junge Lehrerin: »Beim Besuch der Kirche Saint Ann in Quebec verspürte ich Gott gegenüber wirkliche Ehrfurcht. Ich hatte das große Bedürfnis, mich niederzuknien.« Vereinzelt genannt wurden gotische Dome, Antizipationen des Himmels auf Erden, sowie der Petersdom in Rom, seine gewaltige Kuppel, die auch mich als 15-Jährigen in Staunen versetzte: Wie konnten Menschen Jahrhunderte vor dem Dieselmotor so etwas bauen? Allerdings war mir damals noch nicht bewusst, dass eine so mächtige Architektur nicht nur zur Ehre Gottes diente, sondern auch dazu, Macht zur Schau zu stellen.

Die unsichtbare Brücke zum Himmel ist die Musik, ursprünglich eine als heilig verehrte Macht, die tiefe Ehrfurcht auslösen kann. »Wenn ich Beethovens Neunte höre, habe ich Gänsehaut« (w, 42). Schauder ruft auch Mozarts Requiem hervor, so bei einer 40-Jährigen, zumal die schmetternden Bläser beim »Dies irae«, Tag des Zorns. Zwischenzeitlich bürgerte sich das englische »chill« auch im Deutschen ein: Eine starke emotionale Reaktion auf Klänge, gemäß einer Untersuchung des Musikpsychologen Markus Kunkel von 90 Prozent der befragten Musikhörer erlebt, am häufigsten Schauer, die über den Rücken laufen, sodann Tränen, Gänsehaut.[83] Der Effekt von Musik kann noch stärker werden, wenn sie vor beeindruckender Kulisse gelauscht wird. Eine Pädagogin war tiefst ehrfürchtig, als sie im mächtigen Pantheon in Rom das Ave Maria hörte. Von Georg Friedrich Händel, dem Schöpfer des Messias, wird erzählt, dass er nach der Komposition des »Halleluja« seinem Diener mit Tränen der Ehrfurcht in den Augen gestand: »Ich dachte, ich blicke in den Himmel und sähe Gott selber!«[84]

Religiöse Ehrfurcht

Etliche Befragte stießen sich an Ehrfurcht, weil sie religiös aufgeladen sei. Ursprünglich war sie das! Als Nährboden und Essenz der Religion beschrieb Rudolf

[83] Kunkel, M. u. a.: Ein konstruktpsychologischer Ansatz zur Messung des Chill-Erlebens: Online-Publikation des Arbeitskreises Studium Populärer Musik 7. 2008.

[84] Wong, P. T.: Rediscover the wonder and awe in everyday Living. In: http://www.meaning.ca/archives/presidents_columns/pdfs/awe_july05.pdf

Otto vor gut 100 Jahren das numinose Heilige, das den Menschen erschrecken und seine Seele erzittern lassen kann.[85] Unsere Vorfahren empfanden Ehrfurcht vor Thor, der Blitze schleuderte, in Tempeln, an mystischen Orten wie dem nebelverhüllten Avalon, unter den gewaltigen Steinen von Stonehenge.

Religiöse Ehrfurcht wurde ambivalent geschildert, bald beklemmend, bald erhebend. Eine 38-jährige Pädagogin: »Um ehrfürchtig zu sein, durften wir bei einem erzkonservativen Pfarrer keinen Mucks von uns geben.« Ein Gleichaltriger erinnert sich an die Ehrfurcht im Beichtstuhl, auf die jeweils Erleichterung folgte, wenn die Vergebung für das »Ich habe gelogen, genascht, nicht gefolgt …« ausgesprochen war. Pastoraltheologen schärften den Beichtvätern ein, Ehrfurcht zu stärken, indem sie sich nicht in Zivil, sondern im langen schwarzen Talar in den Beichtstuhl setzen.[86] Eine Lehrerin hatte in der Kindheit »Ehrfurcht, wenn ich was angestellt habe, was verboten ist, da ich wusste, dass Gott alles sieht, auch das, was meine Eltern nicht sehen würden.« Wenn sich Menschen beobachtet wähnen,

[85] Otto (Anm. 17).
[86] Gatterer, M.: Katechetik oder Anleitung zur Kinderseelsorge, Vierte, verbesserte Auflage, Innsbruck: Verlag von Felizian Rauch 1931, 241.

verhalten sie sich konformer. In eine Kaffeekasse wurde dreimal so viel gespendet, wenn auf diese ein streng blickendes Augenpaar gemalt war.[87]

Erhebende Ehrfurcht wurde und wird erlebt in liturgischen Vollzügen. Eine frühere Ministrantin verspürte sie, wenn sie während der Messe Kerzen oder das Evangelienbuch halten durfte. Und eine jetzt 19-Jährige: »Wenn ich als Kind mit meiner Oma in der Kirche eine Kerze angezündet habe.« »In der Kirche, wenn gemeinsam das Lied ›Großer Gott, wir loben dich‹ gesungen wird, da friert mich«, bekannte eine 58-jährige Lehrerin. Intensiv und regelmäßig empfindet Ehrfurcht eine junge Muslima »bei jedem Gebet, oder wenn ich Bilder aus Mekka sehe (Pilgerfahrt), und bei Bildern von Naturgewalten«. Eine junge Pädagogin, die von sich sagt, sie blicke oft zum nächtlichen Himmel auf: »Ehrfurcht vor Gott, dem Schöpfer, wenn ich in die Größe und Weite des Weltalls blicke und denke, wie klein wir Menschen sind.« Aber dieses Eingeständnis deprimiere nicht, sondern »stärke«. Ähnlich eine 47-Jährige: »Ehrfurcht habe ich auf dem Gipfel, nach einer Bergbesteigung. Der Blick hinauf und eine gefühlte Nähe zu Gott.« Auch wenn

[87] Bateson, M., Nettle, D. & Roberts, G.: Cues of being watched enhance cooperation in a real-world setting. In: Biology Letters 2 (2006), 412–414.

kirchliche Kreise oft beklagen, der säkulare Mensch, angeblich in einer »Kultur des Todes« gefangen – so immer wieder Johannes Paul II.[88] –, habe keine Ehrfurcht mehr: Diese tiefe Emotion wird nach wie vor erlebt, auch in religiösen Kontexten, und vor Gott.

2.3 Ehrfurcht – am stärksten vor dem Leben, am wenigsten in einer Bank: Quantitatives

Männer und Frauen können vor Unterschiedlichstem Ehrfurcht empfinden. Die einen vor Naturgewalten, andere vor einer aufspringenden Knospe. Um zu einem präziseren Bild zu gelangen, wurden den 500 Befragten 62 mögliche ›Objekte‹ von Ehrfurcht vorgelegt, nicht thematisch geordnet, sondern zufällig. Folgende Tabelle präsentiert die fünf ersten Items:

Ich empfinde	starke Ehrfurcht				gar keine Ehrfurcht
Vor dem Bundespräsidenten	❐	❐	❐	❐	❐
Vor einem neugeborenen Kind	❐	❐	❐	❐	❐

[88] Johannes Paul II.: Evangelium Vitae. Über den Wert und die Unantastbarkeit des menschlichen Lebens, Vatikan 1995.

Vor Mutter Teresa	❑	❑	❑	❑	❑
Vor den Pyramiden von Gizeh	❑	❑	❑	❑	❑
Vor meinem Vater	❑	❑	❑	❑	❑

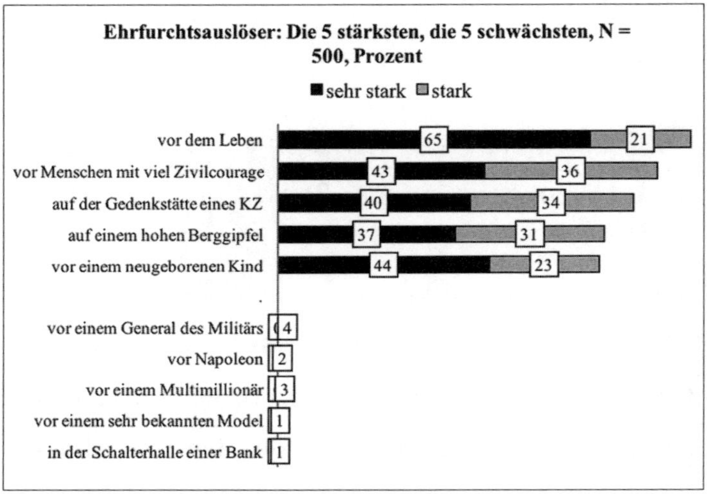

Prominente und mächtige Personen flößen keine Ehrfurcht ein, auch nicht die Schalterhallen von Banken, obschon diese vielfach sakral gestaltet sind. Der Schweizer Stararchitekt Mario Botta spezialisierte sich auf Kirchen *und* Banken. Anders hingegen, was Albert Schweitzer erfreuen würde, die Ehrfurcht vor dem Leben, die zwei von drei Befragten »stark« empfinden, gefolgt von mutigen Personen und dem Gefühl, das Menschen dort beschleicht, wo Unzählige Unsägliches erdulden mussten: Auschwitz, Dachau, Treblinka.

Empfindet mehr Ehrfurcht vor der Bibel, wer diese auch in einem Kirchenraum erlebt? Und mehr Ehrfurcht vor dem Bundespräsidenten, wer beim Hören der Bundeshymne aufsteht? Eine Faktorenanalyse kann aufzeigen, welche der erfragten Phänomene ähnlich beurteilt wurden. Gebildet wurden acht Faktoren: Ehrfurcht vor:

1. bedrohlichen Naturgewalten,
2. der majestätischen Schönheit der Natur,
3. dem Leben und nahestehenden Menschen,
4. moralisch herausragenden, mutigen Persönlichkeiten,
5. den Toten und ihrer Ruhestätte,
6. Kirchlichem und Religiösem,
7. Nationalsymbolen,
8. Prominenz, Macht, Reichtum.

Ehrfurcht in der Natur

Natur kann unterschiedlich erlebt werden: in aller Beschaulichkeit, den Sonnenuntergang bewundernd, in der Liege behaglich ausgestreckt, einen Drink in der Hand. Aber auch mitten im Gewitter, von Regen angepeitscht, Blitze, die ganz in der Nähe Eichenstämme zersplittern. Die Faktorenanalyse bündelte zum einen Naturphänomene, denen wir betrachtend gegenüberstehen, u.a. »Ehrfurcht vor einem majestätischen Baum«, zum anderen solche, in denen wir gleichsam drinnen stehen, mitunter bedroht, so »Ehrfurcht in einem mächtigen Orkan« (für 59 Prozent stark) oder *»auf* einem hohen Berggipfel« (68 Prozent stark), über gähnenden Abgründen, und nicht *vor* einem majestätischen Berg. »Vor einem ausbrechenden Vulkan« haben 60 Prozent starke Ehrfurcht, in einem heftigen Gewitter 49 Prozent, auf einem Schiff in stürmischer See, wenn die Gischt hochspritzt, 43 Prozent, ebenso viele vor großen Tieren, die unsere Vorfahren oft in Furcht versetzten, und mitten in einem Dschungel deutlich weniger (33 Prozent), möglicherweise weil viele Befragte noch nie durch einen solchen streiften.

Solche Naturgewalten flößen nur einer Minderheit wenig oder gar keine Ehrfurcht ein. In einem tosenden Sturm oder vor einem lavaspeienden Vulkan erleben Männer und Frauen diese Emotion gleich oft, Zwanzigjährige geringfügig stärker als Sechzigjährige, und Konfessionsfreie ebenso wie Kirchgänger. Aber: Je demütiger sich Menschen selber einschätzen (34 Prozent sehr demütig, 37 Prozent mittelmäßig, 29 Prozent nicht), desto stärker die Ehrfurcht vor Naturgewalten, die dem Menschen immer wieder zeigen, wie klein und schwach sein Körper ist.

Der Philosoph Kant war der Ansicht, dass Menschen, wenn sie verängstigt sind, nicht ehrfürchtig sein können. Sie müssten in Freiheit das Erhabene betrachten können. Auch solches erleben Menschen hier und heute, möglicherweise öfter als angenommen. »Beim Betrachten eines herrlichen Sonnenuntergangs« verspüren 69 Prozent starke Ehrfurcht, sechs Prozent keine; »vor einem Naturphänomen wie den Niagarafällen« ebenso viele, und »beim Betrachten der Galaxien«, deren Anzahl und Größe jegliches Vorstellungsvermögen sprengt, 59 Prozent. Mehr als die Hälfte erlebt starke Ehrfurcht in einer sternklaren Herbstnacht, wenn Kassiopeia und andere Sternbilder zu sehen sind (59 Prozent), vor einem majestätischen Berg (57 Prozent), am Strand vor dem weiten Meer, das seit Jahrmillionen an die Küste rauscht (55 Prozent), aber auch vor majestätischen Bäumen, die der Dichter Hermann Hesse als unsere Brüder würdigte (51 Prozent). Auf den Faktor Ehrfurcht vor Naturschönheit fiel auch »Beim Hören wunderschöner Musik, bspw. Beethovens neunte Symphonie«, was 51 Prozent mit starker Ehrfurcht erfüllt, nur acht Prozent mit keiner. Geringfügig seltener wird Ehrfurcht verspürt »in einer tief verschneiten Landschaft« (45 Prozent), »vor einer blühenden Orchidee« mit feinsten Adern (36 Prozent), »an einem breiten Fluss wie der Donau« (23 Prozent – möglicherweise wären es an der kilometerbreiten Wolga, kurz vor der Mündung ins Kaspische Meer, unter dem unendlichen russischen Himmel, mehr).

Ältere Personen empfanden vor Naturschönheit häufiger Ehrfurcht als jüngere, und Frauen häufiger als Männer. Noch stärker wirkt die Selbsteinschätzung als ›demütig‹ sowie – wenn auch nicht so stark – als ›zufrieden‹. Wem es gegeben ist, einen majestätischen Baum oder Berggipfel als erhaben zu bestaunen, führt ein erfüllteres und glücklicheres Leben.

Ehrfurcht vor Toten, exzellenten Persönlichkeiten, dem Leben und den Nahpersonen

Treten Menschen vor einen Sarg, senken sie unwillkürlich den Kopf. Ebenfalls auf einem Gelände wie dem Konzentrationslager Mauthausen, wo hinter den granitenen Mauern und Stacheldrahtzäunen 200.000 Menschen systematisch entwürdigt, dehumanisiert, ausgehungert und zur Hälfte ermordet wurden, oft wegen einer Laus, und Tausende, indem sie die 50 Meter hohe Fallschirmspringerwand hinuntergestoßen wurden. Auch schrille Schulklassen werden auf der Todesstiege andächtig still. Vor solchen Orten empfinden drei Viertel starke Ehrfurcht. »Vor einem Sarg mit einem Leichnam« sind es weniger, aber immerhin 52 Prozent, und auf einem Friedhof 48 Prozent. Anders hingegen vor Leichenwagen, wie sie in der Anonymität und Hektik einer Großstadt zum Alltagsbild gehören (17 Prozent).

Jüngere Personen empfinden stärkere Ehrfurcht vor einem Sarg, möglicherweise, weil sie noch nicht so oft vor einem stehen mussten; Männer und Frauen gleich starke, und Bekenntnisfreie eine geringfügig niedrigere. Wiederum: Entscheidender ist die Selbsteinschätzung als ›demütig‹: Je ausgeprägter diese ist, desto mehr Ehrfurcht vor dem Tod.

»Menschen mit viel Zivilcourage« flößen – nach dem Wunder des Lebens – die stärkste Ehrfurcht ein (79 Prozent). »Vor einer alleinerziehenden Mutter mit drei Kindern« hat mehr als die Hälfte »starke Ehrfurcht« (54 Prozent), gleich ausgeprägt wie vor dem moralischen Helden Gandhi (57 Prozent) und der Heiligen in den Slums von Kalkutta: Mutter Teresa (54 Prozent). Genialität wie die eines Albert Einstein ist für jeden Dritten ehrfurchtgebietend, deutlich niedriger als bei einer unscheinbaren Alleinerziehenden. Moralisch exzellente Persönlichkeiten werden in den verschiedenen Altersgruppen gleichermaßen gewürdigt, von Männern wie Frauen, von kirchlich Gebundenen und Bekenntnisfreien.

Am stärksten bekundeten die Befragten Ehrfurcht vor dem Leben. Was ist dessen Essenz? Genau die Personen und Phänomene, die jeweils ähnlich beurteilt wurden und im Folgenden aufgelistet sind:

- Jene Menschen, die es uns weitergaben, so die Mutter, vor der 54 Prozent starke Ehrfurcht haben, vor dem Vater weniger (39 Prozent), wahrscheinlich, weil letzterer weniger in Pflege und Erziehung investiert(e);
- jene, mit denen wir es teilen, Tisch und Bett: »Mein Partner / meine Partnerin« ruft bei 39 Prozent starke Ehrfurcht hervor;
- jene, in denen es weiterlebt: »Vor einem neugeborenen Kind« haben mehr als zwei Drittel starke Ehrfurcht (67 Prozent), »vor einem frischgeworfenen Kälbchen« 36 Prozent;
- und wodurch dies geschieht: Sexualität ist für 31 Prozent stark ehrfurchtgebietend, für 41 Prozent in mittlerem Maße. Stärker ist Ehrfurcht »vor der Intimsphäre meiner Mitmenschen« (55 Prozent), was daran erinnert, dass die griechische Aidos (Scheu) auch die personifizierte Scham und die Göttin der Sittsamkeit ist.

»Vor meinem Leib« haben 38 Prozent starke Ehrfurcht, deutlich mehr »vor dem Gewissen« (65 Prozent), traditionell die Stimme Gottes im Menschen, die nicht irrt, und die mitunter Handlungen gebietet, vor denen Außenstehende verstummen, so beim österreichischen Bauern Franz Jägerstätter, der in Kauf nahm, enthauptet zu werden, weil ihm sein Gewissen jeglichen Dienst in der Wehrmacht verbot. Auf diesen Faktor fiel auch »Ehrfurcht vor einem mich behandelnden Arzt« (15 Prozent stark), dem viele mit gesenktem Kopf gegenübersitzen, wenn er die Blutwerte zu besprechen beginnt. Brot gilt als traditionsreiches Symbol des Lebens: Vor einem Stück davon haben 24 Prozent starke Ehrfurcht, aber gut ein Drittel überhaupt keine.

Männer und Frauen empfinden vor den aufgelisteten Personen und Phänomenen gleichermaßen Ehrfurcht, jüngere ebenso wie ältere, ausgenommen »vor einem Stück Brot«, das den bis Dreißigjährigen zu sechs Prozent starke Ehrfurcht einflößt, bei den über Sechzigjährigen zehnmal häufiger (60 Prozent). Bedingt scheint dies durch den Überfluss an Brot und anderen Lebensmitteln, die tonnenweise weggeworfen werden. In meiner Kindheit war es undenkbar, ein Stück Brot wegzuschmeißen. Wer dies tue, hieß es damals, komme irgendwann in die Situation, dafür betteln zu müssen. Der Journalist Matthias Drobinski konstatierte nach dem Skandal bei einer Großbäckerei (im Mehl wühlten Mäuse und Kakerlaken): »Das Brot ... gebietet nicht mehr Ehrfurcht, es ist Ramsch.«[89] Notabene: Wer nur mittelmäßig glücklich ist (15 Prozent der Stichprobe), hat vor den aufgelisteten Phänomenen des Lebens geringfügig weniger Ehrfurcht als die eher Glücklichen (47 Prozent) und sehr Glücklichen (36 Prozent). Ehrfurcht erhöht offensichtlich die Lebenszufriedenheit.

Ehrfurcht vor Religiösem und Kirchlichem

Ursprünglich war Ehrfurcht ein primär religiöses Phänomen: in Kirchen, vor Gott und Priestern, die Ehrfurcht predigten und zu dieser zu erziehen versuchten, was oft Furcht erzeugte – vor einem Richtergott, dem Fegefeuer, der Hölle. Vor religiös-kirchlichen Personen und Dingen haben die Befragten weniger Ehrfurcht als in der Natur oder vor dem Leben. Am meisten vor Gott (57 Prozent stark), sodann Jesus (50 Prozent) und anderen Religionen (44 Prozent). Starke Ehrfurcht erleben 36 Prozent in einem Kirchenraum, aber nur 20 Prozent während einer Messe, was kritische Anfragen an die Li-

[89] Drobinski, M.: Unser täglich Brot. In: Süddeutsche Zeitung 9.2.2012. Auch: http://www.sueddeutsche.de/muenchen/freising/hygienemaengel-bei-mueller-brot-unser-taeglich-brot-1.1279161

turgie in sich birgt, und 21 Prozent vor einem Kreuz – Symbol des Abendlandes – und der Bibel, der Heiligen Schrift, auf die Eide abgelegt wurden. Priester, noch vor wenigen Generationen als »Hochwürden« angeredet, vor denen man den Hut zog, sind für zehn Prozent ehrfurchtgebietend. Der Papst, für die Hälfte der Befragten bereits Franziskus, für die andere noch Benedikt XVI., ist es für 16 Prozent, der Theologieprofessor seltener als der südamerikanische Bischof der Armen.

Empfinden Frauen vor den erwähnten Phänomenen mehr Ehrfurcht? Dies ist nicht der Fall, obschon sie vielfach als religiöser und spiritueller ausgewiesen wurden. Erwartungsgemäß besteht ein starker Alterstrend: Je älter, desto mehr religiös-kirchliche Ehrfurcht. Vor der Bibel empfinden eine solche 12 Prozent der bis 30-Jährigen, aber 62 Prozent der über 60-Jährigen. Religionsfreie artikulierten signifikant weniger Ehrfurcht, am ausgeprägtesten bei Papst, Kreuz, Priester; am wenigsten jedoch bei Ehrfurcht vor anderen Religionen, die 31 Prozent von ihnen als stark angaben, Katholiken und Protestanten zu 42 Prozent. Noch entscheidender ist die Selbsteinschätzung als »gläubig im Sinne der Kirche«, was 16 Prozent sehr zu sein beanspruchen, 20 Prozent in mittlerem Maße, und 64 Prozent nicht. In der ersten Gruppe halten 56 Prozent ein Kreuz für stark ehrfurchtgebietend, in der mittleren 39 Prozent, und bei den nicht Kirchengläubigen sieben Prozent.

Ehrfurcht vor Nationalsymbolen, Macht, Prominenz und Reichtum

Wenn vor einem Fußballländerspiel die Nationalhymnen gespielt werden, stehen viele auf, gerade noch lachende Gesichter werden ernst. Regierungen ist es ein Anliegen, dass die BürgerInnen ergriffen sind, wenn »Allons enfants de la patrie« oder »God save our gracious queen« ertönt. Dadurch entsteht tiefe Bindung an die Nation, durch eine Melodie noch stärker als durch ein anderes Nationalsymbol, wie etwa die Flagge. Vor der österreichischen Bundeshymne verspüren in der Tat mehr Befragte starke Ehrfurcht (14 Prozent) als vor der Flagge (7 Prozent); Männer ebenso viel bzw. wenig wie Frauen, ältere Personen geringfügig mehr, aber auch Katholiken. Je kirchengläubiger sich die Männer und Frauen einschätzten, desto mehr Ehrfurcht vor den beiden Nationalsymbolen, möglicherweise ein Nachhall der österreichischen Geschichte, in der »Rot-weiß-rot« neben Kirchenkreuzen und geistigen Würdenträgern gern zelebriert wurde.

Die Macht pflegte sich seit jeher ehrfurchtgebietend zu präsentieren. Militärische Macht durch gewaltige Paraden von Panzern, Raketen und im Stechschritt marschierenden Divisionen wie vor dem Kreml, politische Macht durch Massenaufläufe Abertausender Uniformierter wie auf dem Gelände des Reichsparteitages in Nürnberg, finanzielle Macht durch sakral anmutende Bankengebäude, so etwa in Fribourg die Schalterhalle der Kantonalbank mit ihren hochgezogenen Gewölben wie in einer Kathedrale, sodass sich Kunden winzig vorkommen, wenn sie an den Schaltern statt der Hostie Franken oder Euro empfangen.

Nur die wenigsten gaben an, in einer Bank starke Ehrfurcht zu empfinden (1 Prozent); aber wer dazu tendierte, tat dies auch bei einem Multimillionär (3 Prozent), einem General des Militärs (4 Prozent) sowie einem sehr bekannten Model (2 Prozent). Schon seit jeher bildeten diese Gruppen ein Dreigespann aus Reichtum, Macht und attraktiver Prominenz. Im Vergleich dazu wird dem Bundespräsidenten (Österreichs) häufiger Ehrfurcht entgegengebracht (9 Prozent), ebenso dem US-Präsidenten (7 Prozent), aber beiden deutlich weniger als einer alleinerziehenden Mutter von drei Kindern. Vor den aufgelisteten Personen haben die älteren Befragten noch weniger Ehrfurcht, ebenso Konfessionsfreie im Vergleich zu den Katholiken, Männer ebenso wenig wie Frauen. Aber: Wer mit seinem Leben nicht sonderlich zufrieden ist (11 Prozent, wohingegen 42 Prozent sehr zufrieden sind, 47 Prozent eher) neigt eher zu Ehrfurcht vor einem Model oder Millionär.

Zusammenfassend

Folgendes Streifendiagramm präsentiert die durchschnittlichen Item-Mittelwerte der acht Ehrfurchtskalen:

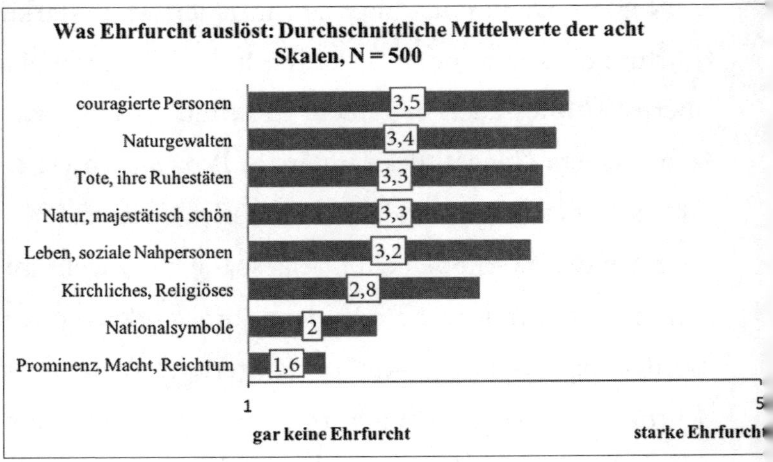

Die höchsten Werte verzeichneten die Items zu den mutigen Persönlichkeiten. Unter der theoretischen Mitte (3) liegen »Kirchliches-Religiöses, Nationalsymbole und Prominenz, Macht, Reichtum«. Dass sich bei »Leben, soziale Nahpersonen« ein relativ niedriger Mittelwert ergab – obschon »Ehrfurcht vor dem Leben« am stärksten ist –, ist dadurch bedingt, dass etliche Items dieser Skala als wenig ehrfurchtgebietend eingeschätzt wurden, speziell »ein Stück Brot, der mich behandelnde Arzt«.

Hat vor majestätischen Naturschönheiten mehr Ehrfurcht, wer solche auch vor ihren Gewalten empfindet, bzw. wie hängen die acht Skalen miteinander zusammen? Stark ist die Korrelation zwischen Nationalsymbolen und Prominenz, Macht und Reichtum; diese beiden Skalen korrelieren auch mit »Kirchliches, Religiöses«. Eine mögliche Erklärung: Ging es der Kirche nicht oft um Macht und Geld? Eng ist auch der Zusammenhang zwischen Ehrfurcht vor Schönheiten der Natur und den in ihr herrschenden Gewalten; beide Skalen korrelieren auch mit »Leben, soziale Nahpersonen« und mutigen Persönlichkeiten.

Wie oft Ehrfurcht empfunden wird

Ehrfurcht ist eine Emotion und wird körperlich erlebt, gelegentlich in Form einer Gänsehaut und als Erschaudern. Wie oft aber widerfährt dies Menschen noch hier und heute, wenn überhaupt? Überraschend häufig:

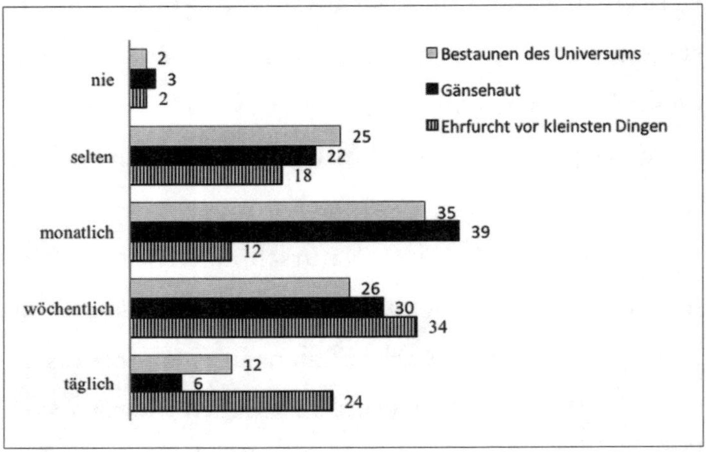

»Ehrfurcht auch vor kleinsten Dingen« empfindet jede/r Vierte täglich, und nur 2 Prozent nie. Gut ein Drittel verspürt zumindest wöchentlich, »dass mich vor Ergriffenheit Gänsehaut überrieselt«. Auch das »Staunen über die Größe des Universums« packt mehr als ein Drittel wöchentlich, nur 25 Prozent selten. Je häufiger Ehrfurcht, Ergriffenheit und Staunen, desto häufiger auch »tiefste Dankbarkeit für alles«, wie sie 31 Prozent täglich erleben, 39 Prozent wöchentlich, acht Prozent selten. Geringfügig seltener ist »tiefste Dankbarkeit für alle Mütter und Väter, die mir vorausgegangen sind« – aber diese Empfindung korreliert deutlich mit Ehrfurcht und wird von einem Viertel zumindest wöchentlich verspürt.

Männer und Frauen sind gleich oft ehrfürchtig und schaudernd ergriffen, ebenfalls Katholiken, evangelische und bekenntnisfreie Mitbürger, die über Sechzigjährigen jedoch häufiger (46 Prozent täglich) als die Zwanzigjährigen (12 Prozent). Erlebt *häufiger* Ehrfurcht, wer diese vor allem vor Naturgewalten empfindet, oder vor dem Leben? Am stärksten ist der Zusammenhang von Ehrfurchtshäufigkeit mit majestätischer Naturschönheit (r = .53),[90] möglicherweise weil dem nächtlich bestirnten Himmel gegenüber Ehrfurcht häufiger möglich ist als die in einem viel seltener erlebten Orkan. Sodann mit Ehrfurcht vor dem Leben und sozialen Nahpersonen (r = .48), den in der Natur tobenden Gewalten, etwa Gewitter (r = .34), sowie Religiös-Kirchlichem (r = .33) und den Toten und ihren Ruhestätten (r = .32). Viel schwächer korreliert die Häufigkeit von Ehrfurcht mit den Nationalsymbolen (r = .22), und gar nicht mit mächtiger und reicher Prominenz (r = .05), erklärbar damit, dass vor solcher die geringste Ehrfurcht verspürt wird.

[90] r ist das Kürzel für Korrelationskoeffizient, ein statistisches Zusammenhangsmaß, das Ausprägungen annehmen kann zwischen +1 (vollständig linear positiver Zusammenhang) und -1 (negativer Zusammenhang). Je näher r bei +1, desto enger der Zusammenhang.

Ein Messinstrument für awe (Ehrfurcht) entwickelten die amerikanischen Psychologen Mitchel Adler und Nancy Fagley.[91] Sie definierten Ehrfurcht als tiefe emotionale und spirituelle Verbundenheit zu etwas, das als brillant empfunden wird, etwa überwältigende Schönheit oder Größe wie ein Sonnenuntergang, die Niagarafälle etc. Gemäß ihrer Fragebogenformulierungen »ergreift« 32 Prozent täglich »ein tiefes Verwundern über das Leben«. Ein Drittel wird »täglich« vor Naturschönheiten wie ein Kind von Staunen gepackt. Die in Amerika entwickelte Skala korreliert hoch mit derjenigen, die an unserem Institut erarbeitet wurde (r = .68). Auch zeigte sich: Wer häufiger Verbundenheit mit der Natur verspürt und über das Geheimnis des Lebens staunen kann, empfindet mehr Ehrfurcht vor Naturschönheit und Naturgewalten, ebenso vor dem Leben und den uns nahen Personen, nicht jedoch vor Nationalsymbolen und reicher und mächtiger Prominenz. Alles in allem: Obschon unserer Zeit nachgesagt wurde und wird, ehrfurchtslos zu sein, wird diese Emotion, in tiefen Seelenschichten wurzelnd, auch weiterhin verspürt, häufiger als von Kulturpessimisten angenommen.

[91] Adler, M. G. & Fagley, N. S.: Appreciation: Individual differences in finding value and meaning as a unique predictor of subjective well-being. In: Journal of Personality, 73 (2005), 79–114.

Ist Ehrfurcht aktuell? Oder überholt, weil die Welt entzaubert sei, die Natur weitgehend beherrscht, die Zeit der Kirchen vorbei? Die Befragten wurden auch gebeten, »Ehrfurcht« auf einem semantischen Differential einzuschätzen: »Ehrfurcht ist für mich ... (bitte ganz spontan der ersten Eingebung folgen)«:

	+ 2	+ 1	0	+ 1	+ 2	
stark	❑	❑	❑	❑	❑	schwach

Vorgegeben waren: »positiv – negativ, stark – schwach, aktuell – veraltet, religiös – nicht religiös, wichtig – nicht wichtig, klein – groß, wünschenswert – nicht wünschenswert, demütig – stolz (im Sinne von arrogant)«. Drei Viertel halten Ehrfurcht für etwas Großes, was an die Definition von Keltner und Haidt denken lässt: Ehrfurcht als Begegnung mit etwas Größerem.[92] 70 Prozent sehen in ihr etwas Starkes, zwei Drittel halten sie für wünschenswert, wichtig und positiv, aber deutlich weniger für aktuell (45 Prozent), möglicherweise weil »Ehrfurcht« vielfach als veraltet gilt. 60 Pro-

[92] Keltner & Haidt (Anm. 5).

zent assoziieren mit ihr »Demut«, die das Gegenteil des arroganten Stolzes ist[93] und oft funktionalisiert wurde, um Menschen untertänig zu halten. Wahre Demut – im Englischen »humility«, worin das lateinische »humus« (Erde) steckt –, besteht darin, sich der eigenen (realistischen) Wenigkeit und Grenzen bewusst zu sein und sich offen zu halten für etwas Größeres, Stärkeres, Hinanziehendes, was auch in der Ehrfurcht erfahren wird. Diese ist für 42 Prozent religiös konnotiert, für ein Drittel nicht.

Frauen artikulierten eine geringfügig positivere Sicht der Ehrfurcht, Bekenntnisfreie eine leicht geringere, in den verschiedenen Altersgruppen ist die Einschätzung gleich. Je positiver Ehrfurcht gewürdigt wird, desto mehr davon vor Religiös-Kirchlichem, dem Leben und nahestehenden Personen, moralischen Helden, Toten und ihrer Ruhestätte. Mit Ehrfurcht vor der Natur sind die Zusammenhänge leicht schwächer, zu reicher und mächtiger Prominenz sowie den Nationalsymbolen bestehen keine, erklärbar damit, dass letztere kaum ehrfurchtgebietend sind. Alles in allem: Mehrheitlich würdigen die Befragten Ehrfurcht positiv und als wün-

[93] Bucher, A.: Geiz, Trägheit, Neid & Co in Therapie und Seelsorge. Psychologie der 7 Todsünden, Heidelberg: Springer 2011, 85–104.

schenswert, vor allem als etwas Großes und Starkes. Der ehrfürchtige Mensch gesteht seine Grenzen und Kleinheit angesichts des Kosmos ein und gewinnt gerade dadurch an Größe.

DRITTES KAPITEL

Was Ehrfurcht bewirkt

»Ehrfurcht«, vor allem wenn sie aufgezwungen wird, kann Menschen erniedrigen und sie stumm und klein machen (Kapitel 3.1). Nur zu oft geschah dies in totalitären Systemen und durch streng autokratische Erziehung, zumal in der Kirche. Aber Ehrfurcht kann auch dazu verhelfen, nach allen Seiten hin ein Mensch zu sein und unerhört kreativ zu werden, was an der Biographie von drei großen Persönlichkeiten exemplifiziert wird: Anton Bruckner, Adalbert Stifter und Albert Schweitzer (3.2). Mittlerweile hat sich auch die experimentelle Psychologie der Ehrfurcht angenommen und ermutigende, wünschenswerte Effekte nachgewiesen, beispielsweise dass ehrfürchtige Menschen weniger stressgefährdet, aber auch spiritueller und geringfügig glücklicher sind (3.3).

3.1 Unterwürfigkeit und Erschrecken

Am 30. März 2003 begann unter Führung der USA die »Allianz der Willigen« mit der Invasion des Irak. Marschflugkörper zerrissen meterdicke Betonwände und explodierten, Feuerpilze quollen gelb und blutig rot in den nächtlichen Himmel. Die Militärs bezweckten zweierlei: Die irakische Bevölkerung schockieren, sodass die Armee Verteidigung für zwecklos halten muss. Und: Ihr Ehrfurcht einflößen: »Shock and awe«.[94] Ehrfurcht vor ihren Streitkräften, die die klassischen Attribute Gottes demonstrieren sollten: Allmacht, Allgegenwart – sich nirgends vor den Bomben sicher fühlen – und Gerechtigkeit. Als ob das endzeitliche Harmagedon anbräche, der endgültige Sieg des ›Guten‹ über das ›Böse‹.

Ehrfurcht wird missbraucht, wenn sie Furcht erregen und Macht demonstrieren soll. Dies durchzieht die gesamte Menschheitsgeschichte. Germanen und Gallier trommelten laut auf ihre Schilde, um ihre Gegner zu verängstigen, bestenfalls in die Flucht zu treiben. Der römische Kaiser Nero ließ von sich auf den großen Plätzen mächtige Statuen aufstellen. Im historischen Roman von Eckstein spricht ein Günstling des Kaisers: »›Nero‹, so weit die bewohnte Erde reicht, tönt dein Name. ›Nero‹ klingt es in Asien und Afrika, ›Nero‹ in Gallien, und jenseits der Grenze bei den Germanen.

[94] Stickley, T.: Shock and awe: The long-term psychological effects of war. In: Journal of Critical Psychology, Counselling and Psychotherapy 4 (2004). Auch: http://www.davidsmail.info/stickley.htm

Und Ehrfurcht beugt ihm beim Anblick deines Bildes die Knie.«[95] Gestandene Männer vollzogen vor ihm die Proskynese, die aus dem alten Persien stammt, indem sie sich vor ihm auf die Knie warfen und mit der Stirn den Boden berührten.

Auch in den Diktaturen des 20. Jahrhunderts. Stalin präsentierte sich in gewaltigen Bronzestatuen auf den großen Plätzen, sodass sich die Genossen winzig vorkommen mussten. Ebenso Mao, dessen Porträt überlebensgroß über den Platz des Himmlischen Friedens schaute und in China ebenso allgegenwärtig war wie Spitzel und Geheimpolizei. Auch der nordkoreanische Diktator Kim Jong-il: Die Propaganda präsentierte ihn als gottähnliche Führerfigur, als fähig, an einem einzigen Tag eines seiner tausend Bücher zu schreiben und beim Golfspiel gleichzeitig in achtzehn Löcher zu treffen.[96] Als er im Dezember 2011 starb, kam es zu psychotisch anmutender Massentrauer, in der Millionen tagelang schluchzten und weinten.

In totalitären Systemen zielt Erziehung untertänige Ehrfurcht an. Auch in Preußen, wo im General-Landschulreglement von 1763 gefordert wurde, der Unter-

[95] Eckstein, E.: Nero, Altenmünster: Jazzybee Verlag 2013, 197.
[96] Pearsall (Anm. 12), 215.

richt müsse zu wahrer Ehrfurcht vor Gott anhalten, »um auf die folgende Zeit in den Schulen geschicktere und bessere Untertanen bilden und erziehen zu koennen«.[97] Gemäß einem Erlass von Kaiser Wilhelm II. ist die Schule verpflichtet, die Gottesfurcht zu pflegen, um die Liebe zum Vaterland zu wecken. Unter dem Nationalsozialismus bestand das Ziel des Unterrichts, speziell in Deutsch, darin, »Ehrfurcht vor der deutschen Gestaltungskraft« schon in jungen Jahren »einzuimpfen«.[98] In jedem Schulzimmer hing ein großes Porträt des Führers, unter dem Feldherrnhut gebieterisch in die Ferne blickend; Millionen Heranwachsende verehrten und fürchteten ihn zugleich. Auch in Nordkorea hängt in allen Klassen ein Porträt des göttlichen Führers, zu dem vor jeder Mahlzeit gebetet wird: »Danke, großer Führer, für dieses Essen.«

Untertänige Ehrfurcht forder(te)n auch viele Religionen und Kirchen. Oftmals resultierte daraus Furcht. »Was aber vor allem nottut, das ist die *Erzeugung einer tiefen Furcht und Ehrfurcht vor Gott dem Herrn*«,

[97] Aus dem instruktiven Aufsatz von Mette, N.: Erziehen zur »Ehrfurcht vor Gott« (Art 7 I LVerfNW) – eine unerledigte Anfrage an die Religionspädagogik. In: International Journal of Practical Theology 9 (2005), 40–62.

[98] http://ns-schulzeit.bonn.de/faecher/deutsch.htm

schrieb der frühere Katechetikprofessor in Innsbruck, Michael Gatterer.[99] Diese Haltung sei ihnen einzupflanzen, indem der Priester »die unendliche Größe und Majestät Gottes nahelegt, ... seine erschreckliche Macht, seine Allgegenwart, und andererseits die tiefe Niedrigkeit des Menschen ... Durch die Beherzigung dieser Tatsachen zu Furcht und heiliger Ehrfurcht erweckt, müssen die Kinder die Größe der Schuld, welche sie durch die vorher bezeichneten Sünden auf sich laden würden (Fluchen, A. B.), lebhaft fühlen.« Angezielt wird »Furcht«, das Eingeständnis von Nichtigkeit, Schuld und Sündhaftigkeit. Im Namen Jesu, der Kinder in die Arme schloss und sie segnete, vielleicht herzte und streichelte (Mk 10,13–16), sollen sie »tiefe, heilige Scheu« entwickeln. Kinder, die dies verinnerlichen und zaghaft den Kopf senken, werden auch als Erwachsene leichter zu lenken sein.

Viele Religionen fordern Gesten der Unterwürfigkeit, speziell das Knien. Dieses kann der körperliche Ausdruck tiefer Ergriffenheit sein, von Staunen und wahrhafter Ehrfurcht, aber auch von euphorischer Vitalität, etwa wenn ein Fußballer nach einem entscheidenden Tor in die Knie sinkt, die Arme seitwärts ausgestreckt.

[99] Gatterer (Anm. 86), 241.

Aber Knien kann auch unterwürfig sein. Papst Pius IX., autoritär, für seine Zornesausbrüche bekannt und der Vorantreiber des päpstlichen Unfehlbarkeitsdogmas, verlangte von seinen Untergebenen, vor ihm in die Knie zu gehen.[100] In vielen Rotlicht-Etablissements leben Männer diese Sehnsucht nach Unterwerfung für teures Geld aus, indem sie vor Dominas, die Lederstiefel mit hohen Absätzen tragen, in die Knie sinken.

Als Ehrfurchtsgestus galt (und gilt teils noch immer) das Herausstrecken der Zunge bei der Kommunion. Dass die Oblate auf die Hand gelegt wird, ist für viele Reaktionäre blasphemisch und führe in die Hölle, zumindest ins Fegefeuer. Die Zunge ist ein intimes Organ. Es gilt als extrem unschicklich, sie jemandem herauszustrecken. Eltern sind besorgt, wenn ihre Kinder dies tun, und fragen auf vielen Internetseiten nach Rat.[101] Darüber hinaus ist die Zunge sexuell aufgeladen, gemäß Traumbüchern wie »Symbol des männlichen Geschlechtsorgans«.[102] Es wäre eine eigene sexualpsychologische Analyse wert, warum konservative Glaubens-

[100] Hasler, A. B.: Wie der Papst unfehlbar wurde, Zürich: Ex Libris 1981, 59.

[101] http://www.chefkoch.de/forum/2,45,418244/Kind-steckt-Zunge-raus-wie-reagieren.html

[102] http://www.traumdeuter.ch/texte/7691.htm

wächter so darauf bestehen, dass Priester – nicht aber »unwürdige« Laien – dieses Organ sehen und ihm mit ihren Fingern sehr nahe kommen. Andernorts gilt dies als Übergriff, ausgenommen beim Arzt, wenn Verdacht auf Angina besteht. Vielleicht wirkt dahinter das Motiv der Macht. Wer seine Zunge zeigt, ordnet sich unter. Ist es Zufall, dass sich der Auszug aus der Kirche beschleunigte, nachdem es den Gläubigen erlaubt worden war, die Kommunion stehend und mit den Händen zu empfangen? Auch dies kann in wahrer Ehrfurcht geschehen. Für die Hände, ein Meisterwerk der Evolution, gilt: »Und Gott sah, dass es gut war« (Gen 1,31).

3.2 Ehrfurcht stärkt und vertieft: Biographische Beispiele

Anton Bruckner

Er ist einer der größten Komponisten des 19. Jahrhunderts. 1824 als ältestes von zwölf Kindern im oberösterreichischen Ansfelden geboren, lernte er früh Violine, Klavier und Orgel, ergriff den Beruf des Lehrers und wurde Domorganist in Linz. Seine unsterblichen Kompositionen schrieb er, von seinen Zeitgenossen als kurioser Sonderling, aber auch als tief gläubig wahrgenommen, als Professor am Wiener Konservatorium. Aus tiefster Ehrfurcht:

> »Gestern am Grab meiner Mutter hab ichs wieder bedacht. Eigentlich hab ich, was meine Freunde jetzt ›groß‹ nennen, nur fertiggebracht, weil ich von Jugend an Ehrfurcht gehabt habe vor allem Echten und Heiligen. Jedes Mal, wenn ich ehrfürchtig aufgeschaut habe zum Vater oder zur Mutter oder zu einem meiner Meister oder gar zu Gott, da ist mein Herz weit und groß geworden. Aus solchem Zustand hab ich meine schönsten Sachen geschaffen.«[103]

Freilich, von Anton Bruckner werden auch kuriose Ehrfurchtsbekundungen erzählt. Seine achte Symphonie widmete er Kaiser Franz Joseph, die neunte Gott selber, »wenn er sie nehmen mag«. Auf seine dritte schrieb er: »Sr. Hochwohlgeboren Herrn Richard Wagner, dem unerreichten weltberühmten und erhabenen Meister der Dicht- und Tonkunst, in tiefster Ehrfurcht gewidmet.« Aber: Bruckner wurde durch Ehrfurcht nicht eingeschüchtert, auch wenn er oft unter Minderwertig-

[103] Zit. nach Marschütz (Anm. 15), 6.

keit, ja Depressionen litt. Charakteristisch ist vielmehr: Ehrfurcht habe sein »Herz weit und groß« gemacht. Er goss sie in Musik, besonders majestätisch im Finale der Neunten, oder im »Te Deum«, stets »Omnia ad majorem Dei gloriam«: Alles zur größeren Ehre Gottes. Der Dirigent Günter Wand, einer der profundesten Bruckner-Kenner, attestierte seiner Musik, eine »kosmische Ordnung« widerzuspiegeln, eine mystisch-helle, überirdisch-schöne Welt, die mit seinem oft tristen (und einsamen) Alltag kontrastierte. Aus seinem tiefen Glauben, der sich auch in seinen Kalendernotizen zu den täglichen Gebeten manifestierte, konnte er die vielen Anfeindungen durch Rivalen und Kritiker bewältigen. Zu Recht betitelte Grüninger seine Bruckner-Biographie: »Der Ehrfürchtige«.[104]

Adalbert Stifter

Ein Seelenverwandter von Anton Bruckner ist Adalbert Stifter, der ebenfalls viele Jahre in Oberösterreich lebte. 1805 im Böhmerwald geboren, verbrachte er seine Kind-

[104] Grüninger, F.: Der Ehrfürchtige: Anton Bruckners Leben dem Volk erzählt, Freiburg i. Br.: Herder, 1937.

heit auf dem Lande, zumeist im Freien, weil er nach dem frühen Tode seines Vaters in der Feldwirtschaft mitzuhelfen hatte. Als Abiturient in Kremsmünster erkrankte er an Pocken, die Narben hinterließen, worunter er immer wieder litt. Nach dem Abbruch des Jurastudiums – wegen der unerwiderten Liebe zu Fanny Greipl und Alkoholproblemen – fristete er sein Leben als Hauslehrer und Maler. Gelegenheitshalber begann er zu schreiben, ohne seine Texte für »Dichtung« zu halten, weil solche viel höher und erhabener sei – Ausdruck tiefer Bescheidenheit.

Schon in seiner ersten veröffentlichten Erzählung, »Condor«, beschreibt er eine in seinem Gesamtwerk durchgängige Erfahrung: Ehrfurcht, als deren Dichter ihn der große Germanist Emil Staiger würdigte.[105] Er erzählt von einer Ballonfahrt, zu der die Luftschiffer Cornelia mitnahmen, eine junge Frau, die tiefer und tiefer ins Erschauern geriet, je höher der Ballon stieg. »Zu diesem Himmel floh nun ihr Blick – aber siehe, er war gar nicht mehr da: das ganze Himmelsgewölbe, die schöne blaue Glocke unserer Erde, war ein ganz schwarzer Abgrund geworden, ohne Maß und Grenze in die Tiefe

105 Staiger, E.: Adalbert Stifter als der Dichter der Ehrfurcht, Heidelberg: Lothar Stiehm Verlag 1967.

gehend …«[106] Stifter schildert, wie die junge Frau von »vastness« überwältigt wird, von der schwindelerregenden Höhe und der verschlingenden Grenzenlosigkeit des Raumes, in der – obschon Tag – die Sterne sichtbar wurden, »winzige, ohnmächtige Goldpunkte«. Blass im Gesicht stammelte sie: »Mir schwindelt«, worauf sie ohnmächtig wurde und die Männer den Ballon sinken ließen.

Hätte Stifter solche Empfindungen schildern können, ohne selber zu ihnen fähig gewesen zu sein? Kaum! Einer seiner stärksten Texte zu Ehrfurcht wurde inspiriert von der totalen Sonnenfinsternis, die am Morgen des 8. Juli 1842 Wien in einen unheimlichen Schatten tauchte. Stifter begab sich schon früh auf eine Anhöhe und schildert unnachahmlich, wie sich im Sonnenlicht die noch vertraute Landschaft ausbreitet, mittendrin der Stephansdom, bis der Mond, »dies unheimliche klumpenhaft tiefschwarz vorrückende Ding«, langsam die Sonne wegfraß. Der Glanz des Himmels erlosch, Kühle sank herab, die Vögel verstummten, bis die Sonne ganz verdeckt war: »Dieser Moment war es eigentlich, der wahrhaft herzzermalmend wirkte – ein einstim-

[106] Stifter, A.: Werke in vier Bänden, Band III: Studien, München: Winkler o. J., 22.

miges ›Ah‹ aus aller Munde, und dann Totenstille, es war der Moment, da Gott redete und die Menschen horchten.«[107] Er sei »emporgerissen« worden »durch die furchtbare Kraft und Gewalt der Bewegung, die da auf einmal durch den ganzen Himmel lag«, sichtbar an geröteten Riesenwolken und der Lichtflut, die um die Mondkugel »auseinanderspritzte«. Vom Licht schrieb er: »Wie heilig, wie unbegreiflich und wie furchtbar ist jenes Ding, das uns stets umflutet, das wir seelenlos genießen und das unseren Erdball mit solchen Schaudern überzittern macht, wenn es sich entzieht, das Licht.«[108] Nie in seinem Leben sei er so erschüttert gewesen »von Schauer und Erhabenheit«, wie in diesen zwei Minuten. Vor diesen Größen und Stärken fühlte er sich »wie Staub«. Aber er erfuhr auch: Dass »dieses Herz sich trotz der Schauer als groß empfindet«.[109]

In den folgenden Werken anvertraute sich Stifter mehr und mehr der Ehrfurcht als einem »Organ der Wesenserkenntnis«.[110] Er tat dies, indem er die Dinge zu schildern versuchte, wie sie sind, auch kleine, unschein-

107 Stifter, A.: Die Mappe meines Urgroßvaters – Schilderungen – Briefe, München: Winkler 1954, 507f.

108 Ebd., 508f.

109 Ebd., 504.

110 Staiger (Anm. 105), 12.

bare. In der Vorrede zu den »Bunten Steinen« hält er dafür, »die Kraft, welche die Milch im Töpfchen der armen Frau emporschwellen und übergehen macht«, sei ebenso ehrfurchterregend wie jene Gewalt, »die die Lava in dem feuerspeienden Berg emportreibt«.[111] Von daher versteht sich die Breite seiner Schilderungen von alltäglichen Dingen. Über den Wiener Tandelmarkt schrieb er 20 dichte Seiten.[112] Viele LeserInnen mögen dies als endlos empfinden, sofern noch Muße ist, sie zu lesen. Seine bekannteste Dichtung, »Bergkristall«, erzählt, wie zwei Kinder, Sanna und Konrad, zur Weihnachtszeit durch eisige Gebirgslandschaft irren und von den Männern zweier verfeindeter Dörfer gefunden werden, welche hernach zu Freunden werden. Seite um Seite beschreibt er die Berge: »Wenn man auf die Jahresgeschichte des Berges sieht, so sind im Winter die zwei Zacken seines Gipfels, die sie Hörner nennen, schneeweiß und stehen, wenn sie an hellen Tagen sichtbar sind, blendend in der finsteren Bläue der Luft.«[113] Im »Hochwald« breitet er auf vielen Seiten die bläuliche Weite des böhmischen Waldes aus: »Die vielzwei-

[111] Stifter, A.: Ausgewählte Erzählungen, Wien: Ueberreuter Verlag o. J., 13.
[112] Stifter (Anm. 107), 367–385.
[113] Stifter (Anm. 106), 219.

gige Erle geht am Wasser hin, die leichte Buche mit den schönfarbigen Schaften, die feste Eiche, die schwanken Halmen der Fichten stehen gesellig und plaudern bei gelegentlichen Windhauchen, die Espe rührt hiebei gleich alle ihre Blätter, dass ein Gezitter von Grün und Silber wird …«[114]

Warum diese uferlosen Schilderungen, selbst von Alltagsgegenständen wie einem Tisch und einer brennenden Kerze, so im »Kalkstein«? Weil diese Phänomene *sind*, und weil es für Stifter nicht selbstverständlich war, dass sie sind. In »Die Sonnenfinsternis am 8. Juli 1842« schreibt er über diese »Sache« (die Finsternis): »Sie ist da, weil sie da ist … und selig das Herz, welches sie empfinden kann«.[115] Selbst ein kleines Sandkorn war für ihn ehrfurchtgebietendes Mysterium: »Es ist das kleinste Sandkörnchen ein Wunder, dessen Wesenheit man nicht ergründen kann. Dass es ist, dass seine Teile zusammenhängen, dass sie getrennt werden können … wird uns hienieden immer ein Geheimnis bleiben.«[116]

Da-Sein ist unendlich viel größer und gewaltiger als der Mensch. Obschon Stifter gläubiger Christ war, hielt

114 Stifter (Anm. 106), 105.
115 Stifter (Anm. 107), 506.
116 Stifter (Anm.107), 601.

er den Menschen nicht für die »Krone der Schöpfung«. In seinem Bildungsroman »Nachsommer« lässt er Heinrich die menschliche Winzigkeit erahnen, als dieser sich mit dem Gedanken trug, die Geschichte der Erde zu erforschen: »eine Geschichte, in welcher die der Menschen nur ein Einschiebsel ist, und wer weiß, welch ein kleines …«[117]. Visualisiert man die Geschichte der Erde, geschätzte 4,5 Milliarden Jahre, als einen Teppich von 45 Metern Länge, dann sind die letzten 1.000.000 Jahre gerade ein Zentimeter.

War Stifter eine natürliche Ehrfurcht gegeben? In seinen nachgelassenen Blättern imaginierte er die vorgeburtliche Herkunft seines Seins: »Weit zurück in dem leeren Nichts ist etwas wie Wonne und Entzücken, das gewaltig fassend, fast vernichtend in mein Wesen drang.«[118] Möglicherweise wurde Ehrfurcht dadurch genährt, dass er seit Kindstagen so oft im Freien war. Eine seiner ersten bewussten Erinnerungen im Garten der Großmutter war die tiefe Verwunderung über einen wachsenden Kornhalm. Ehrfurcht befähigte ihn, die Natur in einer Nuanciertheit wahr-zu-nehmen, die das Leben zutiefst bereichert: den böhmischen Wald –

[117] Aus Staiger (Anm. 105), 29.
[118] Stifter (Anm. 107), 602.

in den Augen eines Holzhändlers vielleicht nur Ster und Klafter – als wunderbare Harmonie von Farben, Formen, Geräuschen, Gerüchen, Lichtspiegelungen etc.

Je älter der Dichter wurde, desto mehr nahm er eigene Empfindungen, die er im »Hochwald« in »kindischer Weise … hineingepfropft« habe, zurück: »Jetzt steht mir das Geschehene wie ein ehrfurchtgebietender Fels vor Augen, und die Frage ist jetzt nicht mehr die: ›Was will ich mit ihm tun?‹, sondern: ›Was ist er?‹ … Das Gegebene ist unendlich mehr …« Er habe sich »fast ängstlich« bemüht, »sich selbst … auszuschalten«.[119] Aber ereignet sich dadurch nicht das, was Viktor E. Frankl »Selbsttranszendenz« nannte?[120] In dieser sieht der Mensch vom Ego ab, um sich ganz dem anderen oder anderen zuzuwenden, wodurch das Selbst – ohnehin umfassender als das Ich – gerade verwirklicht wird. Wer ehrfürchtig staunen kann, dass ein Sandkorn *ist,* hat Leben in Fülle.

[119] Staiger (Anm. 105), 36.

[120] Frankl, V.: Der Mensch vor der Frage nach dem Sinn. Eine Auswahl aus dem Gesamtwerk, München: Piper 2010.

Er ist der Theologe, Philosoph und Arzt, der sich wie kein anderer um »Ehrfurcht vor dem Leben« verdient gemacht hat, obschon diese Formel bereits vor ihm (1902) vom Vegetarier Magnus Schwanje geprägt worden war.[121] 1875 in Kaysersberg, Oberelsass, als Sohn eines Pastors geboren, empfand er schon in seinen ersten Lebensjahren tiefes Mitgefühl mit den Tieren. Vor dem Einschlafen habe er für sie gebetet, dass sie ruhig schlummern.[122] Ein Schlüsselerlebnis war, wie er mit seinem Freund Heinrich Bräsch ausrückte, um mit Steinschleudern auf Vögel zu schießen. Er hatte sich, seinem gebieterischen Kameraden folgend, bereits auf die Lauer gelegt und die Schleuder aufgezogen – mit dem Vorsatz, daneben zu schießen –, als die Kirchenglocken zu läuten begannen, für ihn »eine Stimme aus dem Himmel«. Er schmiss die Schleuder weg, scheuchte die Vögel fort und rannte ins Dorf, tief in sein Herz gebrannt: »Nicht töten!«

[121] Baranzke, H.: Was bedeutet »Ehrfurcht« in Albert Schweitzers Verantwortungsethik. In: Synthesis Philosophica 53 (2012), 7–29, hier 12f.

[122] Schweitzer, A.: Gesammelte Werke in fünf Bänden. Band 1: Aus meinem Leben und Denken, München: C. H. Beck 1993, 275.

Nach seinen Studien der Theologie, Musik und Medizin reiste er im Jahre 1913 nach Lambarene in Gabun, um auf der Missionsstation als Arzt zu arbeiten. Nach Kriegsausbruch wurde er, weil deutscher Staatsbürger, interniert. In der vielen freien Zeit beschäftigte ihn intensiv »das Kraftloswerden der ethischen Kultur«, aber auch, wie eine »tiefere und lebendigere ethische Kultur aufkommen könne«.

Im September 1915 fiel ihm das Schlüsselwort zu. Auf einem Dampfer fuhr er mehrere Tage den Ogowefluss hinauf, durch majestätische Landschaft und an mächtigen Sandbänken entlang. Was ihm beim dritten Sonnenuntergang widerfuhr, schilderte er so: »Auf einer Sandbank, zur Linken, wanderten vier Nilpferde mit ihren Jungen in derselben Richtung wie wir. Da kam ich, in meiner großen Müdigkeit und Verzagtheit, plötzlich auf das Wort ›Ehrfurcht vor dem Leben‹ … alsbald begriff ich, dass es die Lösung des Problems, mit dem ich mich abquälte, in sich trug.«[123] Die Szenerie ist charakteristisch für Ehrfurcht: Die Weite der afrikanischen Landschaft und des Himmels mit untergehender Sonne, das Auge auf den mächtigen Nilpferden, die vier Tonnen

[123] Schweitzer, A.: Gesammelte Werke in fünf Bänden. Band 5, München, C. H. Beck 1990, 180.

schwer werden können, und ihren Jungen, in denen das Leben weiterlebt. Wäre ihm diese Grundformel der Ethik auch ›zugefallen‹, wenn er sich in einem Vorort von Berlin aufgehalten hätte?

In den folgenden Jahren verfasste Schweitzer sein philosophisches Hauptwerk »Kultur und Ethik«, das 1923 erschien. Es beginnt mit dem für die damalige Zeit (Weltkrieg, Wirtschaftskrise etc.) verständlichen Satz: »Unsere Kultur macht eine schwere Krise durch«,[124] skizziert sodann, mit der Antike beginnend, bisherige ethische Positionen, die sich als kraftlos erwiesen hätten. »Der neue Weg« sei die Ethik der »Ehrfurcht vor dem Leben«, vor dem »Rätselhaften« und »Geheimnisvollen«, vor dem »Willen aus dem Urgrund« und dem, was alle Kreaturen treibt: »Ich bin Leben, das leben will, inmitten von Leben, das leben will«.[125] Wer sich wirklich ins Leben vertieft, den packe »Schwindel: In allem findest du dich wieder«, selbst in einem unscheinbaren Käfer.[126]

Was aber ist Ehrfurcht? Bollnow bemerkte mit »Verlegenheit«, Schweitzer habe sich dazu nicht geäußert,

[124] Schweitzer (Anm. 13) 1990, 117.

[125] Ebd., 377. Schweitzer beschäftigte sich auch intensiv mit Schopenhauer.

[126] Schweitzer (Anm. 123), 124.

sondern dieses Empfinden »als selbstverständlich vorausgesetzt«.[127] Eines aber akzentuierte Schweitzer noch und noch: Dass Ehrfurcht nur bedingt rational, sondern vielmehr ein Erleben ist, das von der damaligen Lebensphilosophie gewürdigt wurde, auch in der Dichtung, so bei Rilke: »Es ist ein großes Wunder in der Welt. Ich fühle, *alles Leben wird gelebt.*«[128] Von der Straßburger Kanzel predigte Schweitzer, wer einmal Ehrfurcht erlebt habe und weiterlebe, »der ist sittlich. Er trägt seine Sittlichkeit in sich unverlierbar … Wer dies nicht erlebt hat, der hat nur eine angelernte Sittlichkeit, die ihm nicht gehört.«[129]

Tief erlebte Ehrfurcht befähigte den Urwalddoktor, mit allen Geschöpfen mitzufühlen, wozu er schon als kleiner Junge in der Lage war. Der Anblick eines hinkenden Pferdes, das ein Mann hinter sich herzerrte, während ein anderer auf es einschlug, verfolgte ihn wochenlang. Seine zentrale Maxime: »Gut ist, Leben zu erhalten und Leben zu fördern: böse ist, Leben vernichten

127 Bollnow, O. F. (1975): Die Ehrfurcht vor dem Leben als ethisches Grundprinzip. In: http://www.otto-friedrich-bollnow.de/doc/EhrfurchtLebenA.pdf

128 Rilke, R. M.: Sämtliche Werke, hg. durch Ernst Zinn, Frankfurt/M.: Insel 1955, Band 1, 317.

129 Schweitzer (Anm. 123), 125.

und hemmen«,[130] was unbedingt gültig und nicht relativierbar sei. Freilich entging ihm nicht, dass Leben nur leben kann, wenn anderes Leben verschlungen wird. In der Wildnis ist behaglich Ruhe, solange die Löwen die gerissene Antilope verdauen, bis knurrender Hunger sie zu neuer Jagd auftreibt und abermals spitze Zähne zustoßen. Schweitzer spricht von dem »grausigen Schauspiel der Selbstentzweiung des Willens zum Leben«, die gemindert werden kann, indem die vielfache »Gedankenlosigkeit« überwunden wird.[131] Wenn ein Bauer, um seine Kühe zu füttern, Gras mäht, dabei Regenwürmer zertritt, Blattläuse um ihre Nahrung bringt, sei das nicht verwerflich, sondern unumgänglich. Anders hingegen, wenn er achtlos eine Blume abreißt. Anderes Leben dürfe nur verletzt und getötet werden, wenn es unbedingt notwendig sei, etwa das von Fischen, damit ein Fischreiher nicht verhungert.

Schweitzers Ethik der Ehrfurcht vor dem Leben wurde kontrovers beurteilt. Undurchführbar![132] Oder als Quelle permanenter Schuldgefühle, weil jedes Lebe-

[130] Schweitzer (Anm. 124), 378.

[131] Schweitzer (Anm. 123), 381 f.

[132] Körtner, U.: Ehrfurcht vor dem Leben – Verantwortung für das Leben. Bedeutung und Problematik der Ethik Albert Schweitzers. In: Zeitschrift für Theologie und Kirche 85 (1988), 329–348.

wesen nur überleben kann, wenn es andere vertilgt. Wer sie konsequent zu leben versucht, kann nur mit quälendem Gewissen in eine Hähnchenkeule beißen. Dennoch war die Ethik der Ehrfurcht revolutionär. Zum einen, weil sie den Zuständigkeitsbereich der Ethik ausdehnte. Nicht nur beschränkt auf zwischenmenschliche Beziehungen, sondern die gesamte Wirklichkeit umfassend, soweit sie als Leben verstanden werden kann. Alle Atome und Moleküle sind vielfältig miteinander verbunden. Eine anthropozentrische Ethik ist reduktionistisch und schneidet von den Quellen des Lebens ab. Zum anderen, weil Schweitzer die ethische Triebfeder weniger im Intellekt verankerte, sondern im Gefühl. Die aktuelle Moralpsychologie verweist darauf, wie entscheidend moralische Emotionen sind. Jonathan Haidt schuf ein einprägsames Bild: »The emotional dog and its rational tail«:[133] Wenn in der Ethik das Emotionale der Hund sei, dann das Rationale das kleine Schwänzchen. Durch Ehrfurcht, wenn authentisch erlebt, »werden wir andere Menschen«.[134] So wie Albert Schweitzer, ein

[133] Haidt, J.: The emotional dog and its rational tail: A social intuitionist approach to moral judgment. In: Psychological Review 108 (2001), 814–834.

[134] Schweitzer (Anm. 123), 180.

Theologieprofessor, gut verbeamtet, zum selbstlosen Urwalddoktor wurde, und Tausende heilte.

Drei Leben, eines der Musik geweiht, eines der Dichtung, eines der Theologie und der Medizin – aber gemeinsam ist allen die Ehrfurcht. In allen zeigte sich diese Fähigkeit schon in frühen Lebensjahren. Und bei allen bewirkte Ehrfurcht nicht Erniedrigung, nicht Minderwertigkeit, sondern Stärke, inneren Reichtum, schöpferische Kraft. Von daher ist es schwer verständlich, warum sich die Psychologie der Ehrfurcht bisher noch kaum angenommen hat.

3.3 Ehrfurcht: Psychologische Experimente

Was bewirken Bilder von gewaltigen Wasserfällen, von tonnenschweren Blauwalen, die aus dem tiefblauen Meer auftauchen, von der blau-weißen Erde, wie sie vom Mond zu sehen ist? Dies untersuchte die Psychologin Melanie Rudd, indem sie zwei Gruppen von Studierenden bildete.[135] Die erste sah Bilder wie die eben erwähnten, die zweite Photographien von glücklichen

[135] Rudd, M., Vohs, K. & Aaker, J.: Awe expands people's perception of time, alters decision making, and enhances well-being. In: Psychological Science 23 (2012), 1130–1136.

Menschen, die mit Konfetti bestreut wurden. In der anschließenden Befragung über die ausgelösten Empfindungen sprach die erste Gruppe häufiger von Ehrfurcht und Ergriffenheit, die zweite von Spaß. Frappierend aber war: Die in Ehrfurcht Versetzten artikulierten häufiger, mehr Zeit zu haben, weniger gestresst zu sein und sich wahrscheinlicher ehrenamtlich für sozial Bedürftige zu engagieren. Auf einer Skala zu Lebenszufriedenheit erreichten sie einen höheren Wert als die Vergnügten. Auch in unserer kleinen Studie hatte sich gezeigt: Menschen, wenn sie mehr Ehrfurcht vor dem Leben und der Natur empfinden, vor ihrer Schönheit und Stärke, sind zufriedener. Einigen Lesern ist diese Erfahrung vielleicht vertraut: Wenn beim Betrachten des bestirnten Himmels Ehrfurcht ins Gemüt einströmt und sich das Zeiterleben eigentümlich verändert und weitet. Die vielen morgigen Termine rücken weit weg, wie die kleinsten Sterne. Und über die nächtliche Landschaft breitet sich ein unmittelbares, schweigendes Jetzt. Chronos, die uns drängende Zeit, wird Kairos, die richtige Zeit, die stets das Jetzt ist.

Auf die Frage »Wer bist Du?« geben Menschen unterschiedlichste Antworten, die viel über ihr Selbstverständnis aussagen. Während sich »Ich bin ein Professor« auf Rolle und Status bezieht, so »Ich bin ein freigebiger

Mensch« auf den Charakter. Amerikanische Psychologen entwickelten einen Zwanzig-Statement-Persönlichkeitstest, in dem Männer und Frauen zwanzig mögliche Aussagen zu »Wer bin ich?« beurteilen. Diese gehören unterschiedlichen Kategorien an: Physische Merkmale (bspw. »Ich bin schlank«), soziale, charakterliche und universell-existenzielle, z. B. »Ich bin ein Kind des Universums«. Michelle Shiota von der Arizona State University ließ zwei Gruppen von Studierenden diesen Test bearbeiten. Die erste hatte sich zuvor in einem gewöhnlichen Uni-Raum aufgehalten.[136] Die zweite hingegen war durch ein Museum geführt worden, in dem das Skelett eines Tyrannosaurus Rex zu bewundern war, vier Meter hoch, fünf Tonnen schwer. Die Personen in der zweiten Gruppe beschrieben sich häufiger existenziell: »Ich bin ein spiritueller Mensch, ein Teil des Universums«. Ehrfurcht begünstigt, dass Menschen ihr Selbstkonzept in Richtung Universalität erweitern und dadurch gerade nicht klein werden, sondern zu einem bewundernden Teil eines viel größeren Ganzen.

In einem weiteren Experiment bat die Psychologin Studierende, sich in eine Situation zu versetzen,

[136] Shiota, M. N., Keltner, D. & Mossman, A.: The nature of awe: Elicitors, appraisals, and effects on self-concept. In: Cognition and Emotion 21 (2007), 944–963.

in der sie starke Ehrfurcht verspürten, und von dieser so anschaulich wie möglich zu berichten. Eine zweite Gruppe sollte sich in eine glückliche Episode versetzen und diese plastisch erzählen. Die Ehrfurchtsgruppe schilderte häufig überwältigende Eindrücke in der Natur: am Meer stehen und die sinkende Sonne bestaunen, von einem hohen Gipfel herabschauen, beim Hören einer Symphonie Gänsehaut bekommen. Die andere Gruppe erinnerte sich vor allem an soziale Situationen: mit Freunden Spaß haben etc. Sodann wurden die Angehörigen beider Gruppen gefragt, was sie in den nächsten Stunden am liebsten tun würden. Die in der ersten Gruppe sagten häufiger, in die Natur hinausgehen, etwa einen Hügel erwandern, oder sich künstlerisch betätigen: Geige spielen, ein Aquarell malen. Die in der Glücksgruppe wollten sich häufiger mit Bekannten treffen oder schlafen gehen. Ehrfurcht begünstigt Aktivität in der Natur, aber auch Kreativität. Sie macht den Menschen gerade nicht klein und passiv, sondern motiviert ihn, über sich selbst hinauszuwachsen.

Noch ein Ehrfurchtsexperiment: »Versetzen Sie sich in eine jüngst erlebte Situation, in der Sie einer wunderschönen Naturszenerie gegenüberstanden, beispielsweise einem Sonnenuntergang.« Studierenden in der zweiten Gruppe: »Versetzen Sie sich in eine Situation, in der Sie sich sehr stolz fühlten.« Sodann wurden alle Teilnehmer gefragt: »Empfanden Sie dabei Ehrfurcht, Liebe, Entzücken, Zufriedenheit, Überraschung, Erregung?« Wer sich in die erste Szenerie begeben hatte, beispielsweise einen prächtigen Sonnenaufgang imaginierte, berichtete häufiger von stärkerer Ehrfurcht, mehr Liebe, tieferem Entzücken. Auch beteuerten die Teilnehmer häufiger als in der Stolz-Gruppe, sich zwar klein zu fühlen, aber die Anwesenheit von etwas Größerem zu verspüren, mit dem Kosmos enger verbunden zu sein und über den Banalitäten des Alltags zu stehen. Ehrfurcht begünstigt Verbundenheit und Spiritualität. Für den Neurologen George Vaillant ist sie die spirituellste aller positiven Emotionen, tief eingeflochten ins limbische System und in der Lage, Gänsehaut und Erschauern auszulösen.[137]

Auch der Psychologe Piercarlo Valdesolo belegte, dass Ehrfurcht Spiritualität intensivieren kann, speziell den Glauben an ein übernatürliches Wesen, das Sinn verbürgt.[138] Eine Gruppe von Studierenden sah aus der BBC-Produktion »Planet Erde« Clips von gewalti-

137 Vaillant, G.: Spiritual evolution: How we are wired for faith, hope, and love, New York: Broadway Books 2008, 164–184.

138 Valdesolo, P. & Graham, J.: Awe, uncertainty, and agency detection. In: Psychological Science 25 (2014), 170–178.

gen Bergen, türkisfarben und lila-orange schimmernden Polarlichtern über den endlosen Schnee- und Eiswüsten der Arktis, bis zum Horizont sich hinziehende Dünen in der Wüste. Einer anderen Gruppe wurden Ausschnitte aus einer Komödie gezeigt. In der anschließenden Befragung gab die erste Gruppe häufiger an, in Ehrfurcht geraten zu sein, die zweite in Heiterkeit. Wer mächtige Berge und tiefste Schluchten gesehen hatte, glaubte stärker an ein göttliches Wesen, das wohlwollende Kontrolle ausübe, und fühlte sich generell sicherer. Die Autoren zogen den Schluss, die traditionelle Vorstellung, Gott erzeuge Ehrfurcht, könne umgedreht werden: Ehrfurcht, auch wenn nur durch beeindruckende Videoclips ausgelöst, stärkt den Glauben an Gott.

Das erste Ehrfurchtsexperiment in Europa führten die belgischen Psychologen Patty van Cappellen und Vassilis Saroglou durch.[139] Sie baten Personen, sich an ein Erlebnis zu erinnern, das Ehrfurcht auslöste, und andere, daran zu denken, wie sie einmal sehr stolz waren. Als danach zwischen einer Reise nach Tahiti (vor dem Erdbeben) und einer nach Tibet gewählt werden

[139] Van Cappellen, P. & Saroglou, V.: Awe activates religious and spiritual feelings and behavioral intentions. In: Psychology of Religion and Spirituality 4 (2012), 223–236.

konnte, entschieden sich in der Stolz-Gruppe mehr für die lebensfrohe Insel, auf der Salsa getanzt wird, in der Ehrfurchtsgruppe mehr für das Gebirgsland mit den alten spirituellen Traditionen. In einem anschließenden Experiment präsentierten die Psychologen unterschiedliche Ehrfurchtsstimuli: 1) Majestätische Natur, gewaltige Felsen, tosende Wasserfälle, 2) die Geburt eines Kindes. Jene, die den ersten Videoclip angeschaut hatten, verspürten danach mehr Verbundenheit mit der Natur und dem Kosmos, jene mit dem zweiten innigere Nähe zu den Bezugspersonen, erklärbar damit, dass mit einem Säugling Familiäres assoziiert wird.

Die originellste Studie zu Ehrfurcht veröffentlichten die amerikanischen Psychologen Jennifer Silvers und Jonathan Haidt.[140] Einer Gruppe von stillenden Müttern wurde ein Videoclip gezeigt, in dem sich ein Musiklehrer voll und ganz für einen Jugendlichen einsetzt, um ihn vor dem Absinken in eine gewalttätige Gang zu retten, wofür sich dieser, ehrfurchtsvoll ergriffen, überschwänglich bedankt. Das Video wurde von der Gruppe als bewegend und ergreifend empfunden. Eine zweite Gruppe sah einen kurzen Unterhaltungsfilm, bei dem

[140] Silvers, J. & Haidt, J.: Moral elevation can induce nursing. In: Emotion 8 (2008), 291–295.

die meisten lachten und sich amüsierten. Das frappierendste Ergebnis: Die Wattestücke, die den Frauen vor dem Experiment hinter den Büstenhalter gelegt wurden, waren in der ersten Gruppe zur Hälfte von Milch durchtränkt und schwerer, in der zweiten Gruppe bei keiner der Mütter. Die Psychologen erklären dies damit, Ehrfurcht, speziell moralische, begünstige die Ausschüttung des Treue- und Bindungshormons Oxytocin, das auch den Milchfluss fördert. Doch nicht nur dies: Die vom Clip belustigten Mütter redeten zwar gleich oft und zärtlich mit ihren Säuglingen, aber die in der ersten Gruppe schlossen sie noch inniger und länger in die Arme. Zu Recht spricht Pearsall von Ehrfurcht als einer »liebenden Emotion«.[141]

Die psychologischen Indizien weisen eindeutig darauf hin, dass sich Ehrfurcht enorm positiv auswirken kann. Denn Ehrfurcht schenkt Zeit – ein Geschenk, das in einer Lebenswelt, in der Kinder als eines der ersten Wörter »Stress« lernen, nur wünschenswert sein kann. Sie motiviert dazu, sich diesem Größeren und Umfassenderen anzugleichen, psychologisch gesprochen: sich an dieses zu akkommodieren.[142] Und dies kann auf viel-

141 Pearsall (Anm. 12), 135.
142 Keltner & Haidt (Anm. 5), 303.

fältige Weise geschehen: sei es durch eine Ausdehnung des Selbst hin zum Kosmos, durch Kreativität, durch ehrfürchtiges, schonendes Handeln, oder auch und gerade in der Erziehung.

VIERTES KAPITEL

Erziehung zur Ehrfurcht

Ehrfurcht ist ein traditionsreiches Erziehungsziel. Für Goethe war sie das umfassende Humanitätsideal, auf das alle Erziehung letztlich zielen muss,[143] weil sie für ihn – anders als die Furcht – kein spontanes Naturgefühl war, sondern auszubilden und zu pflegen. Ehrfurcht findet sich auch, wenngleich enger gefasst als bei Goethe, in aktuellen Gesetzestexten. Die bayerische Verfassung schreibt vor: »Oberste Bildungsziele sind Ehrfurcht vor Gott, Achtung vor religiöser Überzeugung und vor der Würde des Menschen« (Art 131.2). »Ehrfurcht vor Gott« findet sich auch in der Landesverfassung von Nordrhein-Westfalen und sei neben »Achtung vor der Würde des Menschen und Bereitschaft zum sozialen Handeln zu wecken … vornehmstes Ziel der Erziehung« (Art 7.1).[144] Auch Rheinland-Pfalz, Baden-Württemberg und Saarland fordern in ihrer Verfassung »Ehrfurcht vor Gott« bzw. »Gottesfurcht«.

143 Klünker, W. U.: Goethes Idee der Erziehung zur Ehrfurcht: Göttingen 1987.

144 Dazu Mette (Anm. 97).

Nicht in allen Gesetzestexten ist Ehrfurcht auf Gott gerichtet.[145] Artikel 101.1 der Verfassung des Bundeslandes Sachsen bezieht sie auf »alles Lebendige«. Artikel 15.4 der Verfassung von Mecklenburg-Vorpommern lautet: »Das Ziel der schulischen Erziehung ist die Entwicklung zur freien Persönlichkeit, die aus Ehrfurcht vor dem Leben und im Geiste der Toleranz bereit ist, Verantwortung für die Gemeinschaft mit anderen Menschen und Völkern sowie künftigen Generationen zu tragen.«

»Ehrfurcht«, speziell die vor Gott, geriet seit längerem in Kritik. Im Sommer 2012 richtete Stefan Dietrich aus Erlangen eine Petition an den Bayerischen Landtag, welche die ersatzlose Streichung von »Ehrfurcht vor Gott« forderte, weil dieser Passus in einem weltanschaulich neutralen, säkularen Staat überholt sei und die konfessionsfreie Bevölkerung (20 Prozent) diskriminiere.[146] Allerdings unterschrieben bloß 2201 Unterstützer. Hinter der Kritik an »Ehrfurcht vor Gott« dürfte auch stehen, dass solche Erziehung oft mehr Furcht erzeugte und faktisch eine Untertanenmentalität hervorbrachte, die nicht mehr gewollt werden kann. Wie müsste also

[145] Bildungsziele der Länder: http://www.heinzlmeier.com/Bildungsziele.html

[146] http://dietrich-dietrich.eu/?p=51

heute Erziehung zur Ehrfurcht konzipiert und praktiziert werden? Indem, als Erstes, Ehrfurcht dem Kind entgegengebracht und ehrfürchtig gehandelt wird.

4.1 Ehrfurcht vor dem Kind

Auch im 21. Jahrhundert flößt eine Geburt vielen Menschen tiefe Ehrfurcht ein. Faktisch fängt mit ihr nicht nur ein neues Menschenleben an. Vielmehr beginnt das Bewusstsein, das in dem anfänglich blutverschmierten Wesen *ist* – zutiefst geheimnisvoll –, das Universum neu zu erschaffen, indem es das Licht wahrnimmt, die Landschaft, den Himmel, das All.

Erziehung zur Ehrfurcht – über Jahrhunderte als Erzwingen von Gehorsam und Ehrfurcht vor dem Erzieher missverstanden[147] – kann nur so beginnen: *als Ehrfurcht vor dem Kind*. Dies haben viele großartige Pädagogen eingefordert. Besonders eindringlich die schwedische Frauenrechtlerin und Erzieherin Ellen Key (1849–1926), die das 20. Jahrhundert als jenes des Kindes begrüßte.[148] Zutiefst mit den Kleinen mit-

[147] Dupanloup (Anm. 1), bes. 549.
[148] Key, E.: Das Jahrhundert des Kindes, Frankfurt/M.: Athenäum 1978.

fühlend, prangerte sie die Seelenmorde in den Schulen an, und dass die Welt ein mit Waffen gespickter Ball sei, vor dem ein »nacktes Kindlein« entsetzt zurückschrecke.[149] Erziehen, zu ihren Lebzeiten vor allem Dressur, Züchtigung, oft beschämende Demütigung,[150] bedeutet für sie, in Ehrfurcht »seine (des Kindes, A. B.) Seele in den Händen tragen, seinen Fuß auf einen schmalen Pfad setzen ... demutsvoll einsehen, wie der Möglichkeiten, dem Kinde zu schaden, unzählige sind, der ihm zu nützen, wenige ...«[151] Sie verwendet das Bild der Proskynese, der Ehrfurchtsgebärde schlechthin: Mutter und Vater sollen »ihre Stirne vor der Hoheit des Kindes in den Staub beugen« und »einsehen, dass das Wort Kind nur ein anderer Ausdruck für den Begriff Majestät ist«.[152]

Auch wenn Key pädagogische Ratschläge gab, die aus heutiger Sicht problematisch sind – ein Kind nicht auf einen Ausflug mitnehmen, wenn es sich die Kleider verkleckert hat[153] –, ihre auf Ehrfurcht gegründete Erziehung hat sie in der »Samskola«, der von ihr 1900 in

[149] Ebd., 5.

[150] Dazu nach wie vor: Rutschky, K.: Schwarze Pädagogik. Quellen zur Naturgeschichte der bürgerlichen Erziehung, Frankfurt/M.: Ullstein 1997.

[151] Key (Anm. 148), 52.

[152] Ebd., 79.

[153] Ebd., 58.

Göteborg gegründeten Reformschule, glaubwürdig umgesetzt. Als vier Jahre später der Dichter Rainer Maria Rilke, für den die Militärschule St. Pölten ein Martyrium war, diese Gesamtschule besuchte, war er angetan davon, dass die Kinder ihre Eltern baten, auch nachmittags in der Klasse bleiben zu dürfen, dass sie wirklich »die Hauptsache« waren und es »nicht nach Staub, Tinte und Angst riecht, sondern nach Sonne, blondem Holz und Kindheit«.[154]

Eine Erziehung, deren »Grundlage« Ehrfurcht ist, konzipierte auch der Begründer der Anthroposophie, Rudolf Steiner (1861–1925). Erst 21 Jahre alt, wurde er mit der Herausgabe der naturwissenschaftlichen Schriften von Johann Wolfgang Goethe betraut, für den erst die Ehrfurcht den Menschen »nach allen Seiten« hin zum Menschen macht. Goethes Ideal war das »ehrfürchtige Forschen«, das er in »Wilhelm Meisters Wanderjahre« in der Gestalt Montans, des religiösen Naturforschers, personifizierte.[155] Dies dürfte Steiner beeinflusst haben, der seit seinen Kinderjahren von der Existenz einer übersinnlichen, geistigen Welt überzeugt war. Aus die-

[154] Rilke, R. M.: Samskola. In: Sämtliche Werke in 12 Bänden, hg. von E. Zinn, Frankfurt/M.: Insel 1965, Band 10, 672.

[155] Dazu Trunz, E.: Ein Tag aus Goethes Leben, München: C. H. Beck 2006, 174f.

ser käme der Mensch und bringe Geistiges herab, und weniger aus der Erde empor, ausgenommen der physische Leib. In seinen Vorträgen über Erziehung spricht er vom »Menschenrätsel« und sagt: »Wie überkommt einen da eine ungeheure Ehrfurcht vor dem werdenden Menschen. Denn ehrfurchtgebietend steht vor uns, was uns die Götter vom Himmel zur Erde heruntergeschickt haben.«[156] Aus diesem Empfinden heraus ergäbe sich »ein ungeheures Verantwortungsgefühl …, das uns trägt, das uns wirklich Kraft und Wollen gibt zum Erziehen und Unterrichten«.[157]

Von den Lehrern an Waldorfschulen, 1919 begründet, forderte er nicht nur Sachkompetenz, sondern vor allem: »Diese Ehrfurcht vor dem Geistig-Göttlichen … ist, wenn sie den Unterricht durchströmt, tatsächlich etwas, was Wunder wirkt im Unterricht.«[158] Ehrfurcht gezieme sich zumal »vor der kindlichen Individualität«,[159] aber auch vor dem, »was das Kind als sein Geistig-Seelisches in die Welt hineinträgt«,[160] bzw. vor sei-

[156] Steiner, R.: Vorträge über Erziehung, Gesamtausgabe, Band 297, Dornach: Rudolf Steiner Verlag 1998, 212.

[157] Ebd.

[158] Steiner, R.: Erziehung und Unterricht aus Menschenerkenntnis, Gesamtausgabe Band 302 a, Dornach: Rudolf Steiner Verlag 1993, 27.

[159] Ebd., 87.

[160] Ebd., 218.

nen Möglichkeiten, die es in Freiheit entfalten können soll. Einen hohen Stellenwert hat infolgedessen nicht nur das freie Spiel, sondern auch die Phantasie, das individuelle, schöpferische Innenleben des Kindes. Steiner fasste seine Erziehungslehre in folgendem, oft zitierten Motto zusammen: »Das Kind in Ehrfurcht empfangen, in Liebe erziehen und in Freiheit entlassen.«[161]

Konkrete Waldorfpädagogik blieb nicht ohne Kritik. Faktisch werde nicht Individualität gefördert, sondern diese in Uniformität eingeebnet, erkennbar an dem gleichförmigen Stil der Zeichnungen, gemalt mit Weleda-Farben. Unterricht sei vielfach frontal und autoritär, habe doch der Schüler ganz ein »Folger« zu sein.[162] SchülerInnen würden nicht auf die Lebensbewältigung in einer hochtechnisierten Medienwelt vorbereitet, sondern drifteten in eine pseudowissenschaftliche, nebulose Sonderwelt ab. Dennoch: Recht hatte Steiner darin, dass wohlwollende Emotionen wie Ehrfurcht und Wertschätzung das Lernen enorm fördern, zumal wenn sie mit Begeisterung einhergehen: »Ehrfurcht und

161 http://waldorfinitiative.de/paedagogik/

162 Kayser, M. & Wagemann, P. A.: Wie frei ist die Waldorfschule. Geschichte und Praxis einer pädagogischen Utopie, München: Heyne 1996, 32.

Enthusiasmus, das sind die geheimen Grundkräfte, … die die Lehrerseele eben durchgeistigen müssen.«[163]

Tiefe Ehrfurcht vor dem Kind hegte auch Maria Montessori (1870–1952). Am Ende ihres Buches »Kinder sind anders« würdigte sie es als »ewigen Messias, der immer wieder unter die gefallenen Menschen zurückkehrt, um sie ins Himmelreich zu führen.«[164] Nicht nur attestierte sie dem Kinde ausdrücklich, von Geburt an »ein Geschöpf mit Geist« zu sein[165] und eine Seele zu haben bzw. zu sein, sodass »Erziehung im Wesentlichen ein ›Seelenkontakt‹ ist«.[166] Darüber hinaus glaubte sie, die im Kind wirkenden Entwicklungskräfte, die sie als Ärztin und Pädagogin einfühlsam untersuchte, seien göttlichen Ursprungs, der viel größer und umfassender ist als wir.[167] Nur zu verständlich die Forderung, Kindern tiefen Respekt entgegenzubringen und sie selbst vollbringen zu lassen, was sie schon können: »Hilf mir, es selbst zu tun!« Darüber hinaus hat Maria Montessori,

163 Steiner (Anm. 158), 302 a, 31 f.

164 Montessori, M.: Kinder sind anders, Frankfurt/M.: Ullstein 1980, 303.

165 Montessori, M.: Das Kind in der Familie, Wien 1923, 29.

166 Montessori, M.: Die Entdeckung des Kindes, Zürich: Ex libris 1984, 34.

167 Dazu Ahn, M.: Die Würde des Kindes: Zur Stellung des Kindes in der pädagogischen und religiösen Anthropologie Maria Montessoris, München: Lit Verlag 2008, 170.

gemeinsam mit ihrem Sohn Mario, mit der Kosmischen Erziehung eine regelrechte Pädagogik der Ehrfurcht entwickelt (s. u.).

4.2 Ehrfürchtig handeln

Erziehung zur Ehrfurcht beginnt auch damit, dass Kinder sorgsam gehegt und gepflegt werden. Vor allem auch gestreichelt und getragen, wie es Schimpansenbabys erfahren. Keine Affenmutter käme auf die Idee, ihr Neugeborenes in einen Wagen zu legen und diesen vor sich herzuschieben. Getragen werden begünstigt eine sichere Bindung,[168] was dem späteren Selbstwert förderlich ist, der seinerseits Ehrfurcht begünstigt. Menschen, die narzisstisch auf sich fixiert sind – zumeist weil in der Kindheit gekränkt –, tun sich schwerer, etwas als größer und überwältigender anzuerkennen, als sie selbst es sind.

Nachzuahmende Modelle galten in der emanzipatorischen Pädagogik als wenig erwünscht. Kinder sollten nicht schlechte Kopien hochstilisierter Vorbilder werden, keine kleinen Albert Schweitzer, sondern sie

[168] Jungmann, T. & Reichenbach, C.: Bindungstheorie und pädagogisches Handeln. Ein Praxisleitfaden, Dortmund: Verlag Modernes Lernen 2013.

selbst. Es war die Gehirnforschung, die die Vorbilder rehabilitierte, und zwar mittels ihrer Erkenntnisse über die Spiegelneuronen.[169] Betrachtet eine Person konzentriert das Verhalten einer anderen, aktiviert dies in ihrem Gehirn jene Areale, die in dem Modell auch in Aktion sind. Wenn ein Kind zuschaut, wie die Mutter sorgsam Geranien in Blumenkisten einpflanzt, diese vielleicht kurz streichelt, zu ihnen spricht, geschieht Lernen von Sorgsamkeit und Ehrfurcht. Unvergesslich bleiben mir Herbstabende und -nächte, wenn wir Kinder mit dem Vater unterwegs auf dem Hügel waren und zum bestirnten Himmel aufschauten, die Milchstraße betrachteten, die in Richtung Südwesten in der gewaltigen Tiefe glitzernd und funkelnd ausgebreitet war. Er sprach von den gewaltigen Entfernungen, von der Größe der Schöpfung: »Gott, wie groß bist Du!« Auch wir Kinder schauten auf, staunten.

Ohnehin: Der Erziehung zur Ehrfurcht förderlich ist, wenn mit Kindern öfters an Orte gefahren wird, wo sich majestätische Naturschönheit zeigt. Unvergesslich bleibt mir, im Alter von sieben Jahren, der Gang durch die Aareschlucht bei Meiringen im Berner Oberland,

[169] Bauer, J.: Warum ich fühle, was du fühlst. Intuitive Kommunikation und das Geheimnis der Spiegelneurone, München: Heyne 2008.

bald durch feuchte, finstere Stollen, bald über Wege, die in die schwindelerregenden Felswände hineingehauen waren, an die sich Fichten und Gebüsche gewurzelt hatten, darunter, vom Granit immer enger zusammengepresst, die tosenden und schäumenden Wasser, der blaue Himmel weit oben nur ein schmaler Streifen, wohin die zündholzkleinen Wipfel zeigten. Ich kam aus dem Staunen nicht heraus. Ebenso wenig beim ersten Mal zu Füßen der Eigernordwand, nachdem wir über die Geröllhalden geklettert waren und nicht mehr weiterkonnten, weil nun die Felsen steil anstiegen, teils senkrecht, unabsehbar hoch. Oder das erste Mal auf den Gipfeln der Zentralschweiz, etwa dem Mythen über Schwyz, gesichert durch das Geländer in die Tiefe schauend, auf Tannen, klein wie Moossprossen, Häuser, winziger als Legosteine, und dann in die Ferne blickend, auf Dreitausender wie den Titlis, über dem sich ein gigantischer Himmel ausdehnte, in einem unendlichen Blau, von der lichtschleudernden Sonne durchglüht. Oder das erste Mal am Rheinfall bei Schaffhausen, die gischtigen Wassermassen bestaunen, das Tosen hören und die feinen Wasserperlen, millionenfach umherschwebend, auf den Wangen spüren.

Ehrfürchtig handeln lernen können Kinder auch mit (Haus-)Tieren, die in der Pädagogik vernachlässigt sind, aber Jungen und Mädchen enorm beglücken können. »Was mich bisher am meisten glücklich gemacht hat: mein Kater Maunzi, meine Katze Schnurrli, mein Vogel Tschipsi, mein Hase Hoppel, meine Freundinnen und auch meine Familie«, so eine Zehnjährige.[170] Wenn im Frühjahr vor dem Tierpark in Salzburg ein kleiner Streichelzoo aufgebaut wird, ist rührend zu sehen, wie behutsam Kinder die kleinen gelben Küken in die Handflächen nehmen und zärtlich über die flaumigen Härchen streicheln. Oder wie sie den Zicklein hinter dem Zaun die ersten Löwenzahnblätter hinhalten.

Zu den bewegenden Momenten meines Lebens rechne ich, wie auf der Entbindungsstation die älteren Geschwister erstmals das jüngere Brüderchen oder Schwesterchen in den Armen hielten, instruiert, den Hinterkopf zu stützen und das Baby leicht zu schaukeln. Sie schauten mit großen Augen, Minute um Minute, strichen manchmal mit ihren Fingern ganz sachte über die Stirne, das stupsige Näschen, andächtig still.

Eine mehr denn je notwendige Pädagogik der Ehrfurcht für das Schulkindalter entwickelten Maria und ihr Sohn Mario Montessori.[171] Im Oktober 1939 wa-

[170] Bucher, A.: Was Kinder glücklich macht. Ein Ratgeber für Eltern, München: Ariston 2008, 154.

[171] Dazu Schaub, H.: Kosmische Erziehung in der Montessori-

ren sie zu einer Vortragsreise nach Indien aufgebrochen, wurden vom Krieg überrascht und in Adyar, am Sitz der Theosophischen Gesellschaft, als Bürger des mit England verfeindeten Italien interniert. Die folgenden Jahre verbrachten sie auf dem Hochplateau von Kodaikanal, ganz im Süden des Subkontinents, in einer majestätischen Landschaft mit vielen Seen, Wasserfällen und Dschungel, bewachsen von Palmen, Sandelholz- und Banyanbäumen und dichten Gebüschen. Möglicherweise motivierte diese Umgebung dazu, an der 1942 ebenda gegründeten neuen Montessori-Schule eine Erziehung zu praktizieren, deren »Grundintention« es ist, »Ehrfurcht zu wecken vor dem Leben, vor Gott, den Mitmenschen und sich selbst«.[172] Bestimmt war sie für Schulkinder zwischen sechs und zwölf Jahren, die in die Flora hinausstreiften, diese neugierig erkundeten und Steine, Knollen und Früchte sammelten. Mario Montessori fertigte Sinnesmaterialien an, die den Schülern helfen sollten, ihre Stellung im Kosmos sowie in der Evolution zu erahnen. So etwa eine Zeitleiste der Erdgeschichte, damals auf drei Milliarden Jahre geschätzt, auf

Pädagogik: Die Entstehung des Konzepts der Kosmischen Erziehung – Die Geschichte des Universums und unserer Erde, Freiburg i. Br.: Herder 2013.

[172] http://wiki.yoga-vidya.de/Maria_Montessori

der die Menschheitsgeschichte (eine Million Jahre) auf 30 Metern gerade einmal einen Zentimeter ausmacht.[173] Große Schaubilder sollten demonstrieren, wie winzig unser Planet ist, wie gewaltig die Sonne, und welche Distanzen sich in unserem Sonnensystem ausdehnen. Maria Montessori schrieb kosmische Erzählungen, die Kindern veranschaulichen, wie die Schöpfung geworden ist, so unter anderem in der Erzählung »Gott, der keine Hände hat.«[174] Hinter allem ortete sie ein intelligentes Design, für sie war es Gott, was sie aber nicht davon abhielt, sich aktuellste Erkenntnisse der Astronomie und Evolution anzueignen – vom römischen Lehramt damals allerdings abgelehnt.

Kosmische Erziehung ist nicht nur ein Sektor innerhalb der Montessori-Pädagogik, sondern vielmehr »deren integrierender Schlussstein«.[175] Sie war insofern revolutionär, als sie – Jahrzehnte bevor der Bericht des Club of Rome (1972) über die Plünderung des Planeten aufschreckte – Umwelterziehung vorwegnahm. Mehr und mehr Montessori-Schulen intensivieren dieses fächerübergreifende, ökologische Anliegen, so auch die in

[173] Eckert, E.: Maria und Mario Montessoris Kosmische Erziehung. Vision und Konkretion, Berlin: Lit 2007.

[174] Ebd., 70–75.

[175] Ebd., 98.

Inning am Ammersee. In ihrem Schulprofil steht: »Dabei geht es nicht allein um die Vermittlung von Kenntnissen, sondern um Sensibilisierung für die Schönheit der Natur und um das Wecken von Bewunderung, Staunen, und Ehrfurcht gegenüber der Schöpfung.«[176]

Ein vorzüglicher Ort für das tätige Erlernen von Ehrfurcht kann der Religionsunterricht sein. Wie das konkret geschehen mag, wurde in den fünfziger Jahren des 20. Jahrhunderts in dem kleinen süddeutschen Ort Herten demonstriert. Kein Pfarrer, der Katechismussätze diktierte, über Ehrfurcht redete und sie verlangte, im Besonderen als Gehorsam. Nein, eine Ordensschwester, die auch als Heilpädagogin ausgebildet war, brachte unterschiedlichste Steine in den Unterricht: rauen Sandstein, glatten Schiefer, kantigen Kalk, glitzernden Granit, einen funkelnden Kristall. Diese verteilte sie an die Kinder, die sie intensiv betasteten und leicht aneinanderklopften, was unterschiedliche Geräusche erzeugte: dumpfere bei Sandstein und Mergel, helle bei Kristallen. Kein Kind warf seinen Stein achtlos beiseite; vielmehr legten sie diese behutsam und konzentriert auf dem Boden zu einem Kreuz zusammen, worauf sie gemeinsam ein Lob- und Danklied sangen.

[176] http://www.montessoriinning.de/montessori-paedagogik/grundgedanken/kosmische-erziehung-1-6-jgst.html

Die Lehrerin hieß Sr. Oderisia Knechtle (1900–1978) und machte sich bei ihren kirchlichen Vorgesetzten nicht beliebt. Weil ihre Arbeit zu wenig theologisch sei, erhielt sie kurzfristig Unterrichtsverbot. Ihre Kritiker erkannten nicht, worauf es ihr ankam: Dass die Kinder Ehrfurcht erlernen, dass Steine zu Erlebnisgestalten werden, für die sich ihre Herzen öffnen, um den Bibelvers 1 Petr 2,5 (»Lasst euch als lebendige Steine zu einem geistigen Haus aufbauen«) erfahrungsgesättigt verstehen zu können. Sr. Oderisia begleitete einige SchülerInnen bis in die Jugend und führte mit den Mädchen Aufklärungsgespräche. Eine heranwachsende Frau sagte ihr: »Sie haben uns gelehrt, schon Ehrfurcht zu haben vor einem Stein. Da muss man vor dem eigenen Leib doch die allergrößte Ehrfurcht haben.«[177]

Ehrfurcht kann auch in anderen Schulfächern kultiviert werden, speziell in Biologie. Die wunderbaren Phänomene des Lebens lassen sich ohne innere Ergriffenheit sezieren, analysieren, sachlich erklären. Aber auch bewundern, wie das einer unserer Lehrer tat. »Ist das Auge der Biene nicht ein Wunder?«, schwärmte er. »Ein Facettenauge, das die Schwingungen des Lich-

[177] Knechtle, O.: Glaubensvertiefung durch das Symbol, Freiburg i. Br.: Herder 1963, 212.

tes erkennt und auch bei bedecktem Himmel feststellen kann, wo die Sonne ist.« Oder in Geschichte. Wenn bedacht wird, wie viel frühere Generationen gearbeitet, geleistet und gelitten haben, damit wir von der mit so viel Schweiß aufgebauten Kultur so viel profitieren können. Oder in Musik, wenn ehrfurchteinflößende Symphonien gehört und erschlossen werden. Allerdings ist dafür erforderlich, dass die Unterrichtenden den Sinn für Ehrfurcht auch selber hegen, worauf es Goethe zufolge in der Erziehung am meisten ankommt.[178]

[178] Goethe (Anm. 3), 169.

Ausblick

»Ehrfurcht« sei zu einem Fremdwort geworden und den postmodernen Menschen abhandengekommen. Als Grund dafür wird oft genannt, dass Ehrfurcht vielfach missbraucht wurde, sei es von Diktatoren, religiösen Herrschern wie Papst Pius IX., der während dem Ersten Vatikanischen Konzil dem ihm widersprechenden griechisch-melkitischen Patriarchen Gregor Jussef den Fuß auf den Nacken setzte, nachdem dieser, wie vom Zeremoniell vorgeschrieben, seine Schuhe geküsst hatte,[179] oder auch von zahlreichen ErzieherInnen, in Kirchen wie in totalitären Systemen. Als weiterer Grund wird genannt, die Wissenschaft habe die Welt entzaubert, sodass ein Gewitter – weil als Austausch elektrischer Ladung durchschaut – keine heilige Scheu mehr einflöße. Aber: Die in diesem Buch zu Wort gekommenen Männer und Frauen erlebten und erleben Ehrfurcht, nicht nur vor dem Leben und dessen fragilen Grenzen, vor mutigen Persönlichkeiten, sondern auch vor der Natur, ihren atomaren Mikrostrukturen, ihrer Schönheit, ihren

[179] Hasler (Anm. 100), 59.

Gewalten, und dies umso tiefer, je mehr über diese Phänomene, deren Dasein letztlich unerklärlich ist, gewusst wird. Ehrfurcht wird bleiben und vielleicht noch größer und intensiver werden, je tiefer der menschliche Geist in die Mysterien des Seins eintaucht.

Menschen, wenn sie in Ehrfurcht geraten, anerkennen, etwas gegenüberzustehen, das größer, stärker, vollkommener ist als sie selbst. Dies kann deprimieren, ja kränken, aber auch dazu führen, das eigene Ego nicht mehr so wichtig zu nehmen. Wenn dies geschieht, ereignet sich – mit Viktor E. Frankl gesprochen[180] – Selbsttranszendenz, die Öffnung für andere und anderes, was zugleich eine Spiritualität begünstigt, in deren Kern die Verbundenheit steht. Der bekannte Neuropsychologe George Vaillant würdigte Ehrfurcht zu Recht als »die spirituellste aller positiven Emotionen«.[181] In der Sicht des Psychologen Paul Pearsall verringert der ehrfürchtige Mensch seine Selbstzentriertheit und wird dadurch nicht nur offener für tiefere Wahrnehmung, sondern kann auch eine tiefe Verbundenheit eingehen, bis hin zu den Sternen.[182] Ein ehrfürchtiges Leben sei weniger ein vergnügliches oder glückliches Leben – wie es von

[180] Frankl (Anm. 120).
[181] Vaillant (Anm. 137), 164.
[182] Pearsall (Anm. 12), 229.

Hunderten Glücksratgebern angepriesen wird –, sondern vor allem ein sich entzündendes und ›reiches‹ Leben – besonders dann, so können wir sagen, wenn es – wie bei Stifter – gelingt, selbst vor einem Sandkorn noch in Erstaunen zu geraten.

Das ehrfürchtige Eingeständnis, als Mensch nicht das Maß aller Dinge zu sein, sondern abhängig von so viel Größerem, kann letztlich dazu führen, sich diesem anzugleichen und die Seele gleichsam auszudehnen:

In die Nacht geschaut, schon Stunde um Stunde.
Photonen kommen von gewaltigen Galaxien.
Ich schaue und schaue mit staunendem Munde
in diese Tiefen, sie beginnen zu packen und ziehn.

Da packt mich fröstelndes Schauern
vor diesen verschlingenden Fernen.
Mein Sein: Ein atemzugkurzes Erdauern,
ein Nichts unter verschwendeten Sternen.

Doch plötzlich: Mein Geringsein empfinden,
genau das macht die Seele so weit.
Die fröstelnden Ängste sie schwinden.
Und der Augenblick wird Ewigkeit.